は　し　が　き

　平成29年3月に告示された中学校学習指導要領が，令和3年度から全面実施されます。

　今回の学習指導要領では，各教科等の目標及び内容が，育成を目指す資質・能力の三つの柱（「知識及び技能」，「思考力，判断力，表現力等」，「学びに向かう力，人間性等」）に沿って再整理され，各教科等でどのような資質・能力の育成を目指すのかが明確化されました。これにより，教師が「子供たちにどのような力が身に付いたか」という学習の成果を的確に捉え，主体的・対話的で深い学びの視点からの授業改善を図る，いわゆる「指導と評価の一体化」が実現されやすくなることが期待されます。

　また，子供たちや学校，地域の実態を適切に把握した上で教育課程を編成し，学校全体で教育活動の質の向上を図る「カリキュラム・マネジメント」についても明文化されました。カリキュラム・マネジメントの一側面として，「教育課程の実施状況を評価してその改善を図っていくこと」がありますが，このためには，教育課程を編成・実施し，学習評価を行い，学習評価を基に教育課程の改善・充実を図るというPDCAサイクルを確立することが重要です。このことも，まさに「指導と評価の一体化」のための取組と言えます。

　このように，「指導と評価の一体化」の必要性は，今回の学習指導要領において，より一層明確なものとなりました。そこで，国立教育政策研究所教育課程研究センターでは，「幼稚園，小学校，中学校，高等学校及び特別支援学校の学習指導要領等の改善及び必要な方策等について（答申）」（平成28年12月21日中央教育審議会）をはじめ，「児童生徒の学習評価の在り方について（報告）」（平成31年1月21日中央教育審議会初等中等教育分科会教育課程部会）や「小学校，中学校，高等学校及び特別支援学校等における児童生徒の学習評価及び指導要録の改善等について」（平成31年3月29日付初等中等教育局長通知）を踏まえ，このたび「『指導と評価の一体化』のための学習評価に関する参考資料」を作成しました。

　本資料では，学習評価の基本的な考え方や，各教科等における評価規準の作成及び評価の実施等について解説しているほか，各教科等別に単元や題材に基づく学習評価について事例を紹介しています。各学校においては，本資料や各教育委員会等が示す学習評価に関する資料などを参考としながら，学習評価を含むカリキュラム・マネジメントを円滑に進めていただくことで，「指導と評価の一体化」を実現し，子供たちに未来の創り手となるために必要な資質・能力が育まれることを期待します。

　最後に，本資料の作成に御協力くださった方々に心から感謝の意を表します。

　令和2年3月

国立教育政策研究所

教育課程研究センター長

笹　井　弘　之

目次

　※本冊子については，改訂後の常用漢字表（平成 22 年 11 月 30 日内閣告示）に基づいて表記してい
　　ます。（学習指導要領及び初等中等教育局長通知等の引用部分を除く）

第1編

総説

第1編　総説

本編においては，以下の資料について，それぞれ略称を用いることとする。

答申：「幼稚園，小学校，中学校，高等学校及び特別支援学校の学習指導要領等の改善
　　　及び必要な方策等について（答申）」　平成28年12月21日　中央教育審議会
報告：「児童生徒の学習評価の在り方について（報告）」　平成31年1月21日　中央教
　　　育審議会　初等中等教育分科会　教育課程部会
改善等通知：「小学校，中学校，高等学校及び特別支援学校等における児童生徒の学習
　　　評価及び指導要録の改善等について（通知）」　平成31年3月29日　初等中等
　　　教育局長通知

第1章　平成29年改訂を踏まえた学習評価の改善

1　はじめに

　学習評価は，学校における教育活動に関し，児童生徒の学習状況を評価するものである。答申にもあるとおり，児童生徒の学習状況を的確に捉え，教師が指導の改善を図るとともに，児童生徒が自らの学びを振り返って次の学びに向かうことができるようにするためには，学習評価の在り方が極めて重要である。

　各教科等の評価については，学習状況を分析的に捉える「観点別学習状況の評価」と「評定」が学習指導要領に定める目標に準拠した評価として実施するものとされている[1]。観点別学習状況の評価とは，学校における児童生徒の学習状況を，複数の観点から，それぞれの観点ごとに分析する評価のことである。児童生徒が各教科等での学習において，どの観点で望ましい学習状況が認められ，どの観点に課題が認められるかを明らかにすることにより，具体的な学習や指導の改善に生かすことを可能とするものである。各学校において目標に準拠した観点別学習状況の評価を行うに当たっては，観点ごとに評価規準を定める必要がある。評価規準とは，観点別学習状況の評価を的確に行うため，学習指導要領に示す目標の実現の状況を判断するよりどころを表現したものである。本参考資料は，観点別学習状況の評価を実施する際に必要となる評価規準等，学習評価を行うに当たって参考となる情報をまとめたものである。

　以下，文部省指導資料から，評価規準について解説した部分を参考として引用する。

---

[1] 各教科の評価については，観点別学習状況の評価と，これらを総括的に捉える「評定」の両方について実施するものとされており，観点別学習状況の評価や評定には示しきれない児童生徒の一人一人のよい点や可能性，進歩の状況については，「個人内評価」として実施するものとされている。（P.6～11に後述）

（参考）評価規準の設定（抄）

（文部省「小学校教育課程一般指導資料」（平成5年9月）より）

　新しい指導要録（平成3年改訂）では，観点別学習状況の評価が効果的に行われるようにするために，「各観点ごとに学年ごとの評価規準を設定するなどの工夫を行うこと」と示されています。

　これまでの指導要録においても，観点別学習状況の評価を適切に行うため，「観点の趣旨を学年別に具体化することなどについて工夫を加えることが望ましいこと」とされており，教育委員会や学校では目標の達成の度合いを判断するための基準や尺度などの設定について研究が行われてきました。

　しかし，それらは，ともすれば知識・理解の評価が中心になりがちであり，また「目標を十分達成（＋）」，「目標をおおむね達成（空欄）」及び「達成が不十分（－）」ごとに詳細にわたって設定され，結果としてそれを単に数量的に処理することに陥りがちであったとの指摘がありました。

　今回の改訂においては，学習指導要領が目指す学力観に立った教育の実践に役立つようにすることを改訂方針の一つとして掲げ，各教科の目標に照らしてその実現の状況を評価する観点別学習状況を各教科の学習の評価の基本に据えることとしました。したがって，評価の観点についても，学習指導要領に示す目標との関連を密にして設けられています。

　このように，学習指導要領が目指す学力観に立つ教育と指導要録における評価とは一体のものであるとの考え方に立って，各教科の目標の実現の状況を「関心・意欲・態度」，「思考・判断・表現」，「技能・表現（または技能）」及び「知識・理解」の観点ごとに適切に評価するため，「評価規準を設定する」ことを明確に示しているものです。

　「評価規準」という用語については，先に述べたように，新しい学力観に立って子供たちが自ら獲得し身に付けた資質や能力の質的な面，すなわち，学習指導要領の目標に基づく幅のある資質や能力の育成の実現状況の評価を目指すという意味から用いたものです。

2　平成29年改訂を踏まえた学習評価の意義
（1）学習評価の充実

　平成29年改訂小・中学校学習指導要領総則においては，学習評価の充実について新たに項目が置かれた。具体的には，学習評価の目的等について以下のように示し，単元や題材など内容や時間のまとまりを見通しながら，児童生徒の主体的・対話的で深い学びの実現に向けた授業改善を行うと同時に，評価の場面や方法を工夫して，学習の過程や成果を評価することを示し，授業の改善と評価の改善を両輪として行っていくことの必要性を明示した。

・生徒のよい点や進歩の状況などを積極的に評価し，学習したことの意義や価値を実感できるようにすること。また，各教科等の目標の実現に向けた学習状況を把握する観点から，単元や題材など内容や時間のまとまりを見通しながら評価の場面や方法を工夫して，学習の過程や成果を評価し，指導の改善や学習意欲の向上を図り，資質・能力の育成に生かすようにすること。

・創意工夫の中で学習評価の妥当性や信頼性が高められるよう，組織的かつ計画的な取組を推進するとともに，学年や学校段階を越えて生徒の学習の成果が円滑に接続されるように工夫すること。

（中学校学習指導要領第1章総則　第3教育課程の実施と学習評価　2学習評価の充実）
（小学校学習指導要領にも同旨）

（2）カリキュラム・マネジメントの一環としての指導と評価

　　各学校における教育活動の多くは，学習指導要領等に従い児童生徒や地域の実態を踏まえて編成された教育課程の下，指導計画に基づく授業（学習指導）として展開される。各学校では，児童生徒の学習状況を評価し，その結果を児童生徒の学習や教師による指導の改善や学校全体としての教育課程の改善等に生かしており，学校全体として組織的かつ計画的に教育活動の質の向上を図っている。このように，「学習指導」と「学習評価」は学校の教育活動の根幹に当たり，教育課程に基づいて組織的かつ計画的に教育活動の質の向上を図る「カリキュラム・マネジメント」の中核的な役割を担っている。

（3）主体的・対話的で深い学びの視点からの授業改善と評価

　　指導と評価の一体化を図るためには，児童生徒一人一人の学習の成立を促すための評価という視点を一層重視し，教師が自らの指導のねらいに応じて授業での児童生徒の学びを振り返り，学習や指導の改善に生かしていくことが大切である。すなわち，平成29年改訂学習指導要領で重視している「主体的・対話的で深い学び」の視点からの授業改善を通して各教科等における資質・能力を確実に育成する上で，学習評価は重要な役割を担っている。

（4）学習評価の改善の基本的な方向性

　　（1）～（3）で述べたとおり，学習指導要領改訂の趣旨を実現するためには，学習評価の在り方が極めて重要であり，すなわち，学習評価を真に意味のあるものとし，指導と評価の一体化を実現することがますます求められている。

　　このため，報告では，以下のように学習評価の改善の基本的な方向性が示された。

① 児童生徒の学習改善につながるものにしていくこと

② 教師の指導改善につながるものにしていくこと

③ これまで慣行として行われてきたことでも，必要性・妥当性が認められないものは見直していくこと

3 平成29年改訂を受けた評価の観点の整理

　平成29年改訂学習指導要領においては，知・徳・体にわたる「生きる力」を児童生徒に育むために「何のために学ぶのか」という各教科等を学ぶ意義を共有しながら，授業の創意工夫や教科書等の教材の改善を引き出していくことができるようにするため，全ての教科等の目標及び内容を「知識及び技能」，「思考力，判断力，表現力等」，「学びに向かう力，人間性等」の育成を目指す資質・能力の三つの柱で再整理した（図1参照）。知・徳・体のバランスのとれた「生きる力」を育むことを目指すに当たっては，各教科等の指導を通してどのような資質・能力の育成を目指すのかを明確にしながら教育活動の充実を図ること，その際には，児童生徒の発達の段階や特性を踏まえ，資質・能力の三つの柱の育成がバランスよく実現できるよう留意する必要がある。

図1

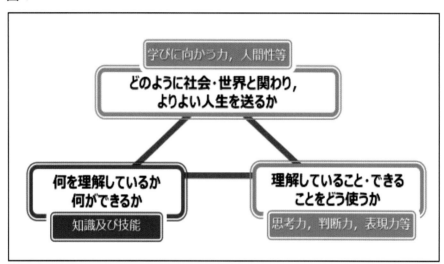

　観点別学習状況の評価については，こうした教育目標や内容の再整理を踏まえて，小・中・高等学校の各教科を通じて，4観点から3観点に整理された。（図2参照）

図2

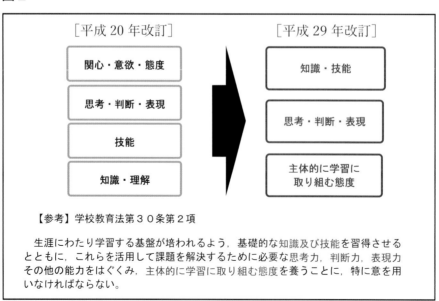

4 平成29年改訂学習指導要領における各教科の学習評価

　各教科の学習評価においては，平成29年改訂においても，学習状況を分析的に捉える「観点別学習状況の評価」と，これらを総括的に捉える「評定」の両方について，学習指導要領に定める目標に準拠した評価として実施するものとされた。改善等通知では，以下のように示されている。

【小学校児童指導要録】

　［各教科の学習の記録］

　I　観点別学習状況

　　学習指導要領に示す各教科の目標に照らして，その実現状況を観点ごとに評価し記入する。その際，

　　　「十分満足できる」状況と判断されるもの：A

　　　「おおむね満足できる」状況と判断されるもの：B

　　　「努力を要する」状況と判断されるもの：C

　のように区別して評価を記入する。

　II　評定（第3学年以上）

　　各教科の評定は，学習指導要領に示す各教科の目標に照らして，その実現状況を，

　　　「十分満足できる」状況と判断されるもの：3

　　　「おおむね満足できる」状況と判断されるもの：2

　　　「努力を要する」状況と判断されるもの：1

　のように区別して評価を記入する。

　　評定は各教科の学習の状況を総括的に評価するものであり，「観点別学習状況」において掲げられた観点は，分析的な評価を行うものとして，各教科の評定を行う場合において基本的な要素となるものであることに十分留意する。その際，評定の適切な決定方法等については，各学校において定める。

【中学校生徒指導要録】

（学習指導要領に示す必修教科の取扱いは次のとおり）

　［各教科の学習の記録］

　I　観点別学習状況（小学校児童指導要録と同じ）

　　学習指導要領に示す各教科の目標に照らして，その実現状況を観点ごとに評価し記入する。その際，

　　　「十分満足できる」状況と判断されるもの：A

　　　「おおむね満足できる」状況と判断されるもの：B

　　　「努力を要する」状況と判断されるもの：C

　のように区別して評価を記入する。

　II　評定

　　各教科の評定は，学習指導要領に示す各教科の目標に照らして，その実現状況を，

　「十分満足できるもののうち，特に程度が高い」状況と判断されるもの：5

　「十分満足できる」状況と判断されるもの：4

　「おおむね満足できる」状況と判断されるもの：3

　「努力を要する」状況と判断されるもの：2

　「一層努力を要する」状況と判断されるもの：1

のように区別して評価を記入する。

　評定は各教科の学習の状況を総括的に評価するものであり，「観点別学習状況」において掲げられた観点は，分析的な評価を行うものとして，各教科の評定を行う場合において基本的な要素となるものであることに十分留意する。その際，評定の適切な決定方法等については，各学校において定める。

　また，観点別学習状況の評価や評定には示しきれない児童生徒一人一人のよい点や可能性，進歩の状況については，「個人内評価」として実施するものとされている。改善等通知においては，「観点別学習状況の評価になじまず個人内評価の対象となるものについては，児童生徒が学習したことの意義や価値を実感できるよう，日々の教育活動等の中で児童生徒に伝えることが重要であること。特に『学びに向かう力，人間性等』のうち『感性や思いやり』など児童生徒一人一人のよい点や可能性，進歩の状況などを積極的に評価し児童生徒に伝えることが重要であること。」と示されている。

　「3　平成29年改訂を受けた評価の観点の整理」も踏まえて各教科における評価の基本構造を図示化すると，以下のようになる。（図3参照）

　　図3

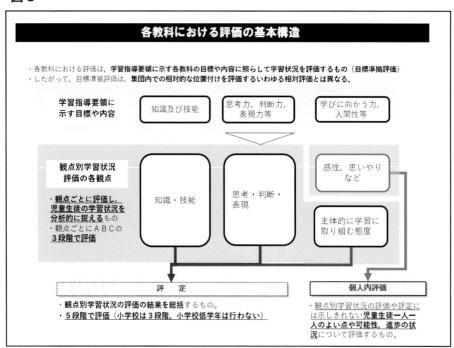

　上記の，「各教科における評価の基本構造」を踏まえた3観点の評価それぞれについて

の考え方は，以下の（1）〜（3）のとおりとなる。なお，この考え方は，外国語活動（小学校），総合的な学習の時間，特別活動においても同様に考えることができる。

（1）「知識・技能」の評価について

　　「知識・技能」の評価は，各教科等における学習の過程を通した知識及び技能の習得状況について評価を行うとともに，それらを既有の知識及び技能と関連付けたり活用したりする中で，他の学習や生活の場面でも活用できる程度に概念等を理解したり，技能を習得したりしているかについても評価するものである。

　　「知識・技能」におけるこのような考え方は，従前の「知識・理解」（各教科等において習得すべき知識や重要な概念等を理解しているかを評価），「技能」（各教科等において習得すべき技能を身に付けているかを評価）においても重視してきたものである。

　　具体的な評価の方法としては，ペーパーテストにおいて，事実的な知識の習得を問う問題と，知識の概念的な理解を問う問題とのバランスに配慮するなどの工夫改善を図るとともに，例えば，児童生徒が文章による説明をしたり，各教科等の内容の特質に応じて，観察・実験したり，式やグラフで表現したりするなど，実際に知識や技能を用いる場面を設けるなど，多様な方法を適切に取り入れていくことが考えられる。

（2）「思考・判断・表現」の評価について

　　「思考・判断・表現」の評価は，各教科等の知識及び技能を活用して課題を解決する等のために必要な思考力，判断力，表現力等を身に付けているかを評価するものである。

　　「思考・判断・表現」におけるこのような考え方は，従前の「思考・判断・表現」の観点においても重視してきたものである。「思考・判断・表現」を評価するためには，教師は「主体的・対話的で深い学び」の視点からの授業改善を通じ，児童生徒が思考・判断・表現する場面を効果的に設計した上で，指導・評価することが求められる。

　　具体的な評価の方法としては，ペーパーテストのみならず，論述やレポートの作成，発表，グループでの話合い，作品の制作や表現等の多様な活動を取り入れたり，それらを集めたポートフォリオを活用したりするなど評価方法を工夫することが考えられる。

（3）「主体的に学習に取り組む態度」の評価について

　　答申において「学びに向かう力，人間性等」には，①「主体的に学習に取り組む態度」として観点別学習状況の評価を通じて見取ることができる部分と，②観点別学習状況の評価や評定にはなじまず，こうした評価では示しきれないことから個人内評価を通じて見取る部分があることに留意する必要があるとされている。すなわち，②については観点別学習状況の評価の対象外とする必要がある。

　　「主体的に学習に取り組む態度」の評価に際しては，単に継続的な行動や積極的な発言を行うなど，性格や行動面の傾向を評価するということではなく，各教科等の「主体的に学習に取り組む態度」に係る観点の趣旨に照らして，知識及び技能を習得したり，

思考力，判断力，表現力等を身に付けたりするために，自らの学習状況を把握し，学習の進め方について試行錯誤するなど自らの学習を調整しながら，学ぼうとしているかどうかという意思的な側面を評価することが重要である。

　従前の「関心・意欲・態度」の観点も，各教科等の学習内容に関心をもつことのみならず，よりよく学ぼうとする意欲をもって学習に取り組む態度を評価するという考え方に基づいたものであり，この点を「主体的に学習に取り組む態度」として改めて強調するものである。

　本観点に基づく評価は，「主体的に学習に取り組む態度」に係る各教科等の評価の観点の趣旨に照らして，

①　知識及び技能を獲得したり，思考力，判断力，表現力等を身に付けたりすることに
　　向けた粘り強い取組を行おうとしている側面
②　①の粘り強い取組を行う中で，自らの学習を調整しようとする側面
という二つの側面を評価することが求められる[2]。（図4参照）

　ここでの評価は，児童生徒の学習の調整が「適切に行われているか」を必ずしも判断するものではなく，学習の調整が知識及び技能の習得などに結び付いていない場合には，教師が学習の進め方を適切に指導することが求められる。

　具体的な評価の方法としては，ノートやレポート等における記述，授業中の発言，教師による行動観察や児童生徒による自己評価や相互評価等の状況を，教師が評価を行う際に考慮する材料の一つとして用いることなどが考えられる。

図4

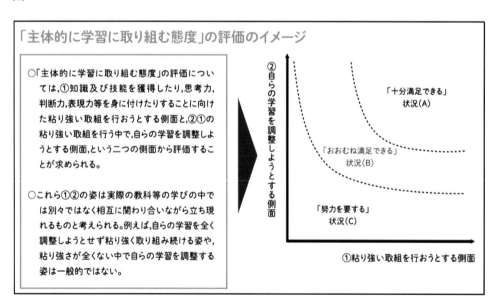

---

[2] これら①②の姿は実際の教科等の学びの中では別々ではなく相互に関わり合いながら立ち現れるものと考えられることから，実際の評価の場面においては，双方の側面を一体的に見取ることも想定される。例えば，自らの学習を全く調整しようとせず粘り強く取り組み続ける姿や，粘り強さが全くない中で自らの学習を調整する姿は一般的ではない。

　なお，学習指導要領の「2　内容」に記載のない「主体的に学習に取り組む態度」の評価については，後述する第2章1（2）を参照のこと[3]。

5　改善等通知における特別の教科　道徳，外国語活動（小学校），総合的な学習の時間，特別活動の指導要録の記録

　改善等通知においては，各教科の学習の記録とともに，以下の（1）～（4）の各教科等の指導要録における学習の記録について以下のように示されている。

（1）特別の教科　道徳について

　中学校等については，改善等通知別紙2に，「道徳の評価については，28文科初第604号「学習指導要領の一部改正に伴う小学校，中学校及び特別支援学校小学部・中学部における児童生徒の学習評価及び指導要録の改善等について（通知）」に基づき，学習活動における生徒の学習状況や道徳性に係る成長の様子を個人内評価として文章で端的に記述する」こととされている（小学校等についても別紙1に同旨）。

（2）外国語活動について（小学校）

　改善等通知には，「外国語活動の記録については，評価の観点を記入した上で，それらの観点に照らして，児童の学習状況に顕著な事項がある場合にその特徴を記入する等，児童にどのような力が身に付いたかを文章で端的に記述すること」とされている。また，「評価の観点については，設置者は，小学校学習指導要領等に示す外国語活動の目標を踏まえ，改善等通知別紙4を参考に設定する」こととされている。

（3）総合的な学習の時間について

　中学校等については，改善等通知別紙2に，「総合的な学習の時間の記録については，この時間に行った学習活動及び各学校が自ら定めた評価の観点を記入した上で，それらの観点のうち，生徒の学習状況に顕著な事項がある場合などにその特徴を記入する等，生徒にどのような力が身に付いたかを文章で端的に記述すること」とされている。また，「評価の観点については，各学校において具体的に定めた目標，内容に基づいて別紙4を参考に定めること」とされている（小学校等についても別紙1に同旨）。

---

[3] 各教科等によって，評価の対象に特性があることに留意する必要がある。例えば，体育・保健体育科の運動に関する領域においては，公正や協力などを，育成する「態度」として学習指導要領に位置付けており，各教科等の目標や内容に対応した学習評価が行われることとされている。

（4）特別活動について

　中学校等については，改善等通知別紙2に，「特別活動の記録については，各学校が自ら定めた特別活動全体に係る評価の観点を記入した上で，各活動・学校行事ごとに，評価の観点に照らして十分満足できる活動の状況にあると判断される場合に，○印を記入する」とされている。また，「評価の観点については，学習指導要領等に示す特別活動の目標を踏まえ，各学校において改善等通知別紙4を参考に定める。その際，特別活動の特質や学校として重点化した内容を踏まえ，例えば『主体的に生活や人間関係をよりよくしようとする態度』などのように，より具体的に定めることも考えられる。記入に当たっては，特別活動の学習が学校や学級における集団活動や生活を対象に行われるという特質に留意する」とされている（小学校等についても別紙1に同旨）。

　なお，特別活動は学級担任以外の教師が指導する活動が多いことから，評価体制を確立し，共通理解を図って，児童生徒のよさや可能性を多面的・総合的に評価するとともに，確実に資質・能力が育成されるよう指導の改善に生かすことが求められる。

6　障害のある児童生徒の学習評価について

　学習評価に関する基本的な考え方は，障害のある児童生徒の学習評価についても変わるものではない。

　障害のある児童生徒については，特別支援学校等の助言又は援助を活用しつつ，個々の児童生徒の障害の状態や特性及び心身の発達の段階に応じた指導内容や指導方法の工夫を行い，その評価を適切に行うことが必要である。また，指導内容や指導方法の工夫については，学習指導要領の各教科の「指導計画の作成と内容の取扱い」の「指導計画作成上の配慮事項」の「障害のある児童生徒への配慮についての事項」についての学習指導要領解説も参考となる。

7　評価の方針等の児童生徒や保護者への共有について

　学習評価の妥当性や信頼性を高めるとともに，児童生徒自身に学習の見通しをもたせるために，学習評価の方針を事前に児童生徒と共有する場面を必要に応じて設けることが求められており，児童生徒に評価の結果をフィードバックする際にも，どのような方針によって評価したのかを改めて児童生徒に共有することも重要である。

　また，新学習指導要領下での学習評価の在り方や基本方針等について，様々な機会を捉えて保護者と共通理解を図ることが非常に重要である。

第2章　学習評価の基本的な流れ

1　各教科における評価規準の作成及び評価の実施等について

（1）目標と観点の趣旨との対応関係について

　　　評価規準の作成に当たっては，各学校の実態に応じて目標に準拠した評価を行うために，「評価の観点及びその趣旨[4]」が各教科等の目標を踏まえて作成されていること，また同様に，「学年別（又は分野別）の評価の観点の趣旨[5]」が学年（又は分野）の目標を踏まえて作成されていることを確認することが必要である。

　　　なお，「主体的に学習に取り組む態度」の観点は，教科等及び学年（又は分野）の目標の（3）に対応するものであるが，観点別学習状況の評価を通じて見取ることができる部分をその内容として整理し，示していることを確認することが必要である。（図5，6参照）

　図5

【学習指導要領「教科の目標」】

学習指導要領　各教科等の「第1　目標」

(1)	(2)	(3)
（知識及び技能に関する目標）	（思考力，判断力，表現力等に関する目標）	（学びに向かう力，人間性等に関する目標）[6]

【改善等通知「評価の観点及びその趣旨」】

改善等通知　別紙4　評価の観点及びその趣旨

観点	知識・技能	思考・判断・表現	主体的に学習に取り組む態度
趣旨	（知識・技能の観点の趣旨）	（思考・判断・表現の観点の趣旨）	（主体的に学習に取り組む態度の観点の趣旨）

---

[4] 各教科等の学習指導要領の目標の規定を踏まえ，観点別学習状況の評価の対象とするものについて整理したものが教科等の観点の趣旨である。

[5] 各学年（又は分野）の学習指導要領の目標を踏まえ，観点別学習状況の評価の対象とするものについて整理したものが学年別（又は分野別）の観点の趣旨である。

[6] 学びに向かう力，人間性等に関する目標には，個人内評価として実施するものも含まれている。（P.8図3参照）※学年（又は分野）の目標についても同様である。

第1編

図6

【学習指導要領「学年（又は分野）の目標」】

学習指導要領　各教科等の「第2　各学年の目標及び内容」の学年ごとの「1　目標」

(1)	(2)	(3)
（知識及び技能に関する目標）	（思考力，判断力，表現力等に関する目標）	（学びに向かう力，人間性等に関する目標）

【改善等通知　別紙4「学年別（又は分野別）の評価の観点の趣旨」】

観点	知識・技能	思考・判断・表現	主体的に学習に取り組む態度
趣旨	（知識・技能の観点の趣旨）	（思考・判断・表現の観点の趣旨）	（主体的に学習に取り組む態度の観点の趣旨）

（2）「内容のまとまりごとの評価規準」とは

　　本参考資料では，評価規準の作成等について示す。具体的には，学習指導要領の規定から「内容のまとまりごとの評価規準」を作成する際の手順を示している。ここでの「内容のまとまり」とは，学習指導要領に示す各教科等の「第2　各学年の目標及び内容　2　内容」の項目等をそのまとまりごとに細分化したり整理したりしたものである[7]。平成29年改訂学習指導要領においては資質・能力の三つの柱に基づく構造化が行われたところであり，基本的には，学習指導要領に示す各教科等の「第2　各学年（分野）の目標及び内容」の「2　内容」において[8]，「内容のまとまり」ごとに育成を目指す資質・

---

[7] 各教科等の学習指導要領の「第3　指導計画の作成と内容の取扱い」1(1)に「単元（題材）などの内容や時間のまとまり」という記載があるが，この「内容や時間のまとまり」と，本参考資料における「内容のまとまり」は同義ではないことに注意が必要である。前者は，主体的・対話的で深い学びを実現するため，主体的に学習に取り組めるよう学習の見通しを立てたり学習したことを振り返ったりして自身の学びや変容を自覚できる場面をどこに設定するか，対話によって自分の考えなどを広げたり深めたりする場面をどこに設定するか，学びの深まりをつくりだすために，児童生徒が考える場面と教師が教える場面をどのように組み立てるか，といった視点による授業改善は，1単位時間の授業ごとに考えるのではなく，単元や題材などの一定程度のまとまりごとに検討されるべきであることが示されたものである。後者（本参考資料における「内容のまとまり」）については，本文に述べるとおりである。

[8] 小学校家庭においては，「第2　各学年の内容」，「1　内容」，小学校外国語・外国語活動，中学校外国語においては，「第2　各言語の目標及び内容等」，「1　目標」である。

能力が示されている。このため，「2　内容」の記載はそのまま学習指導の目標となりうるものである[9]。学習指導要領の目標に照らして観点別学習状況の評価を行うに当たり，児童生徒が資質・能力を身に付けた状況を表すために，「2　内容」の記載事項の文末を「〜すること」から「〜している」と変換したもの等を，本参考資料において「内容のまとまりごとの評価規準」と呼ぶこととする[10]。

　　ただし，「主体的に学習に取り組む態度」に関しては，特に，児童生徒の学習への継続的な取組を通して現れる性質を有すること等から[11]，「2　内容」に記載がない[12]。そのため，各学年（又は分野）の「1　目標」を参考にしつつ，必要に応じて，改善等通知別紙4に示された学年（又は分野）別の評価の観点の趣旨のうち「主体的に学習に取り組む態度」に関わる部分を用いて「内容のまとまりごとの評価規準」を作成する必要がある。

　　なお，各学校においては，「内容のまとまりごとの評価規準」の考え方を踏まえて，学習評価を行う際の評価規準を作成する。

（3）「内容のまとまりごとの評価規準」を作成する際の基本的な手順

　　各教科における，「内容のまとまりごとの評価規準」を作成する際の基本的な手順は以下のとおりである。

　　学習指導要領に示された教科及び学年（又は分野）の目標を踏まえて，「評価の観点及びその趣旨」が作成されていることを理解した上で，

　①　各教科における「内容のまとまり」と「評価の観点」との関係を確認する。

　②　【観点ごとのポイント】を踏まえ，「内容のまとまりごとの評価規準」を作成する。

---

[9] 「2　内容」において示されている指導事項等を整理することで「内容のまとまり」を構成している教科もある。この場合は，整理した資質・能力をもとに，構成された「内容のまとまり」に基づいて学習指導の目標を設定することとなる。また，目標や評価規準の設定は，教育課程を編成する主体である各学校が，学習指導要領に基づきつつ児童生徒や学校，地域の実情に応じて行うことが必要である。

[10] 小学校家庭，中学校技術・家庭（家庭分野）については，学習指導要領の目標及び分野の目標の（2）に思考力・判断力・表現力等の育成に係る学習過程が記載されているため，これらを踏まえて「内容のまとまりごとの評価規準」を作成する必要がある。

[11] 各教科等の特性によって単元や題材など内容や時間のまとまりはさまざまであることから，評価を行う際は，それぞれの実現状況が把握できる段階について検討が必要である。

[12] 各教科等によって，評価の対象に特性があることに留意する必要がある。例えば，体育・保健体育科の運動に関する領域においては，公正や協力などを，育成する「態度」として学習指導要領に位置付けており，各教科等の目標や内容に対応した学習評価が行われることとされている。

①，②については，第2編において詳述する。同様に，【観点ごとのポイント】についても，第2編に各教科等において示している。

（4）評価の計画を立てることの重要性

　学習指導のねらいが児童生徒の学習状況として実現されたかについて，評価規準に照らして観察し，毎時間の授業で適宜指導を行うことは，育成を目指す資質・能力を児童生徒に育むためには不可欠である。その上で，評価規準に照らして，観点別学習状況の評価をするための記録を取ることになる。そのためには，いつ，どのような方法で，児童生徒について観点別学習状況を評価するための記録を取るのかについて，評価の計画を立てることが引き続き大切である。

　毎時間児童生徒全員について記録を取り，総括の資料とするために蓄積することは現実的ではないことからも，児童生徒全員の学習状況を記録に残す場面を精選し，かつ適切に評価するための評価の計画が一層重要になる。

（5）観点別学習状況の評価に係る記録の総括

　適切な評価の計画の下に得た，児童生徒の観点別学習状況の評価に係る記録の総括の時期としては，単元（題材）末，学期末，学年末等の節目が考えられる。

　総括を行う際，観点別学習状況の評価に係る記録が，観点ごとに複数ある場合は，例えば，次のような方法が考えられる。

・　**評価結果のＡ，Ｂ，Ｃの数を基に総括する場合**

　何回か行った評価結果のＡ，Ｂ，Ｃの数が多いものが，その観点の学習の実施状況を最もよく表現しているとする考え方に立つ総括の方法である。例えば，3回評価を行った結果が「ＡＢＢ」ならばＢと総括することが考えられる。なお，「ＡＡＢＢ」の総括結果をＡとするかＢとするかなど，同数の場合や三つの記号が混在する場合の総括の仕方をあらかじめ各学校において決めておく必要がある。

・　**評価結果のＡ，Ｂ，Ｃを数値に置き換えて総括する場合**

　何回か行った評価結果Ａ，Ｂ，Ｃを，例えばＡ＝3，Ｂ＝2，Ｃ＝1のように数値によって表し，合計したり平均したりする総括の方法である。例えば，総括の結果をＢとする範囲を［2.5≧平均値≧1.5］とすると，「ＡＢＢ」の平均値は，約2.3［（3＋2＋2）÷3］で総括の結果はＢとなる。

　なお，評価の各節目のうち特定の時点に重きを置いて評価を行う場合など，この例のような平均値による方法以外についても様々な総括の方法が考えられる。

（6）観点別学習状況の評価の評定への総括

　評定は，各教科の観点別学習状況の評価を総括した数値を示すものである。評定は，児童生徒がどの教科の学習に望ましい学習状況が認められ，どの教科の学習に課題が

認められるのかを明らかにすることにより，教育課程全体を見渡した学習状況の把握と指導や学習の改善に生かすことを可能とするものである。

評定への総括は，学期末や学年末などに行われることが多い。学年末に評定へ総括する場合には，学期末に総括した評定の結果を基にする場合と，学年末に観点ごとに総括した結果を基にする場合が考えられる。

観点別学習状況の評価の評定への総括は，各観点の評価結果をＡ，Ｂ，Ｃの組合せ，又は，Ａ，Ｂ，Ｃを数値で表したものに基づいて総括し，その結果を小学校では３段階，中学校では５段階で表す。

Ａ，Ｂ，Ｃの組合せから評定に総括する場合，各観点とも同じ評価がそろう場合は，小学校については，「ＢＢＢ」であれば２を基本としつつ，「ＡＡＡ」であれば３，「ＣＣＣ」であれば１とするのが適当であると考えられる。中学校については，「ＢＢＢ」であれば３を基本としつつ，「ＡＡＡ」であれば５又は４，「ＣＣＣ」であれば２又は１とするのが適当であると考えられる。それ以外の場合は，各観点のＡ，Ｂ，Ｃの数の組合せから適切に評定することができるようあらかじめ各学校において決めておく必要がある。

なお，観点別学習状況の評価結果は，「十分満足できる」状況と判断されるものをＡ，「おおむね満足できる」状況と判断されるものをＢ，「努力を要する」状況と判断されるものをＣのように表されるが，そこで表された学習の実現状況には幅があるため，機械的に評定を算出することは適当ではない場合も予想される。

また，評定は，小学校については，小学校学習指導要領等に示す各教科の目標に照らして，その実現状況を「十分満足できる」状況と判断されるものを３，「おおむね満足できる」状況と判断されるものを２，「努力を要する」状況と判断されるものを１，中学校については，中学校学習指導要領等に示す各教科の目標に照らして，その実現状況を「十分満足できるもののうち，特に程度が高い」状況と判断されるものを５，「十分満足できる」状況と判断されるものを４，「おおむね満足できる」状況と判断されるものを３，「努力を要する」状況と判断されるものを２，「一層努力を要する」状況と判断されるものを１という数値で表される。しかし，この数値を児童生徒の学習状況について三つ（小学校）又は五つ（中学校）に分類したものとして捉えるのではなく，常にこの結果の背景にある児童生徒の具体的な学習の実現状況を思い描き，適切に捉えることが大切である。評定への総括に当たっては，このようなことも十分に検討する必要がある[13]。

なお，各学校では観点別学習状況の評価の観点ごとの総括及び評定への総括の考え

---

[13] 改善等通知では，「評定は各教科の学習の状況を総括的に評価するものであり，『観点別学習状況』において掲げられた観点は，分析的な評価を行うものとして，各教科の評定を行う場合において基本的な要素となるものであることに十分留意する。その際，評定の適切な決定方法等については，各学校において定める。」と示されている。（P.7，8参照）

方や方法について，教師間で共通理解を図り，児童生徒及び保護者に十分説明し理解を得ることが大切である。

2 総合的な学習の時間における評価規準の作成及び評価の実施等について
（1）総合的な学習の時間の「評価の観点」について

平成29年改訂学習指導要領では，各教科等の目標や内容を「知識及び技能」，「思考力，判断力，表現力等」，「学びに向かう力，人間性等」の資質・能力の三つの柱で再整理しているが，このことは総合的な学習の時間においても同様である。

総合的な学習の時間においては，学習指導要領が定める目標を踏まえて各学校が目標や内容を設定するという総合的な学習の時間の特質から，各学校が観点を設定するという枠組みが維持されている。一方で，各学校が目標や内容を定める際には，学習指導要領において示された以下について考慮する必要がある。

【各学校において定める目標】
・　各学校において定める目標については，各学校における教育目標を踏まえ，総合的な学習の時間を通して育成を目指す資質・能力を示すこと。　　　（第2の3(1)）

総合的な学習の時間を通して育成を目指す資質・能力を示すとは，各学校における教育目標を踏まえて，各学校において定める目標の中に，この時間を通して育成を目指す資質・能力を，三つの柱に即して具体的に示すということである。

【各学校において定める内容】
・　探究課題の解決を通して育成を目指す具体的な資質・能力については，次の事項に配慮すること。
　ア　知識及び技能については，他教科等及び総合的な学習の時間で習得する知識及び技能が相互に関連付けられ，社会の中で生きて働くものとして形成されるようにすること。
　イ　思考力，判断力，表現力等については，課題の設定，情報の収集，整理・分析，まとめ・表現などの探究的な学習の過程において発揮され，未知の状況において活用できるものとして身に付けられるようにすること。
　ウ　学びに向かう力，人間性等については，自分自身に関すること及び他者や社会との関わりに関することの両方の視点を踏まえること。　　　（第2の3(6)）

各学校において定める内容について，今回の改訂では新たに，「目標を実現するにふさわしい探究課題」，「探究課題の解決を通して育成を目指す具体的な資質・能力」の二つを定めることが示された。「探究課題の解決を通して育成を目指す具体的な資質・能力」とは，各学校において定める目標に記された資質・能力を，各探究課題に即して具体的に示したものであり，教師の適切な指導の下，児童生徒が各探究課題の解決に取り組む中で，育成することを目指す資質・能力のことである。この具体的な資質・能力も，「知識及び技能」，「思考力，判断力，表現力等」，「学びに向かう力，人間性等」という

資質・能力の三つの柱に即して設定していくことになる。

このように、各学校において定める目標と内容には、三つの柱に沿った資質・能力が明示されることになる。

したがって、資質・能力の三つの柱で再整理した新学習指導要領の下での指導と評価の一体化を推進するためにも、評価の観点についてこれらの資質・能力に関わる「知識・技能」、「思考・判断・表現」、「主体的に学習に取り組む態度」の3観点に整理し示したところである。

（2）総合的な学習の時間の「内容のまとまり」の考え方

学習指導要領の第2の2では、「各学校においては、第1の目標を踏まえ、各学校の総合的な学習の時間の内容を定める。」とされており、各教科のようにどの学年で何を指導するのかという内容を明示していない。これは、各学校が、学習指導要領が定める目標の趣旨を踏まえて、地域や学校、児童生徒の実態に応じて、創意工夫を生かした内容を定めることが期待されているからである。

この内容の設定に際しては、前述したように「目標を実現するにふさわしい探究課題」、「探究課題の解決を通して育成を目指す具体的な資質・能力」の二つを定めることが示され、探究課題としてどのような対象と関わり、その探究課題の解決を通して、どのような資質・能力を育成するのかが内容として記述されることになる。（図7参照）

図7

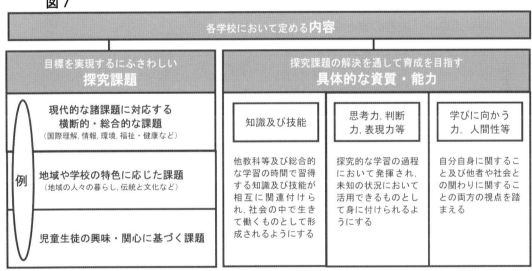

本参考資料第1編第2章の1（2）では、「内容のまとまり」について、「学習指導要領に示す各教科等の『第2　各学年の目標及び内容　2　内容』の項目等をそのまとまりごとに細分化したり整理したりしたもので、『内容のまとまり』ごとに育成を目指す資質・能力が示されている」と説明されている。

したがって、総合的な学習の時間における「内容のまとまり」とは、全体計画に示した「目標を実現するにふさわしい探究課題」のうち、一つ一つの探究課題とその探究課題に応じて定めた具体的な資質・能力と考えることができる。

（3）「内容のまとまりごとの評価規準」を作成する際の基本的な手順

　　総合的な学習の時間における，「内容のまとまりごとの評価規準」を作成する際の基本的な手順は以下のとおりである。

> ①　各学校において定めた目標（第2の1）と「評価の観点及びその趣旨」を確認する。

> ②　各学校において定めた内容の記述（「内容のまとまり」として探究課題ごとに作成した「探究課題の解決を通して育成を目指す具体的な資質・能力」）が，観点ごとにどのように整理されているかを確認する。

> ③【観点ごとのポイント】を踏まえ，「内容のまとまりごとの評価規準」を作成する。

3　特別活動の「評価の観点」とその趣旨，並びに評価規準の作成及び評価の実施等について

（1）特別活動の「評価の観点」とその趣旨について

　　特別活動においては，改善等通知において示されたように，特別活動の特質と学校の創意工夫を生かすということから，設置者ではなく，「各学校で評価の観点を定める」ものとしている。本参考資料では「評価の観点」とその趣旨の設定について示している。

（2）特別活動の「内容のまとまり」

　　小学校においては，学習指導要領の内容の〔学級活動〕「（1）学級や学校における生活づくりへの参画」，「（2）日常の生活や学習への適応と自己の成長及び健康安全」，「（3）一人一人のキャリア形成と自己実現」，〔児童会活動〕，〔クラブ活動〕，〔学校行事〕（1）儀式的行事，（2）文化的行事，（3）健康安全・体育的行事，（4）遠足・集団宿泊的行事，（5）勤労生産・奉仕的行事を「内容のまとまり」とした。

　　中学校においては，学習指導要領の内容の〔学級活動〕「（1）学級や学校における生活づくりへの参画」，「（2）日常の生活や学習への適応と自己の成長及び健康安全」，「（3）一人一人のキャリア形成と自己実現」，〔生徒会活動〕，〔学校行事〕（1）儀式的行事，（2）文化的行事，（3）健康安全・体育的行事，（4）旅行・集団宿泊的行事，（5）勤労生産・奉仕的行事を「内容のまとまり」とした。

（3）特別活動の「評価の観点」とその趣旨，並びに「内容のまとまりごとの評価規準」を作成する際の基本的な手順

　　各学校においては，学習指導要領に示された特別活動の目標及び内容を踏まえ，自校の実態に即し，改善等通知の例示を参考に観点を作成する。その際，例えば，特別活動の特質や学校として重点化した内容を踏まえて，具体的な観点を設定することが考えられる。

　また，学習指導要領解説では，各活動・学校行事の内容ごとに育成を目指す資質・能力が例示されている。そこで，学習指導要領で示された「各活動・学校行事の目標」及び学習指導要領解説で例示された「資質・能力」を確認し，各学校の実態に合わせて育成を目指す資質・能力を重点化して設定する。

　次に，各学校で設定した，各活動・学校行事で育成を目指す資質・能力を踏まえて，「内容のまとまりごとの評価規準」を作成する。その際，小学校の学級活動においては，学習指導要領で示した「各学年段階における配慮事項」や，学習指導要領解説に示した「発達の段階に即した指導のめやす」を踏まえて，低・中・高学年ごとに評価規準を作成することが考えられる。基本的な手順は以下のとおりである。

---

① 　学習指導要領の「特別活動の目標」と改善等通知を確認する。

---

② 　学習指導要領の「特別活動の目標」と自校の実態を踏まえ，改善等通知の例示を参考に，特別活動の「評価の観点」とその趣旨を設定する。

---

③ 　学習指導要領の「各活動・学校行事の目標」及び学習指導要領解説特別活動編（平成29年7月）で例示した「各活動・学校行事における育成を目指す資質・能力」を参考に，各学校において育成を目指す資質・能力を重点化して設定する。

---

④ 　【観点ごとのポイント】を踏まえ，「内容のまとまりごとの評価規準」を作成する。

（参考）平成23年「評価規準の作成，評価方法等の工夫改善のための参考資料」からの変更点について

　今回作成した本参考資料は，平成23年の「評価規準の作成，評価方法等の工夫改善のための参考資料」を踏襲するものであるが，以下のような変更点があることに留意が必要である[14]。

　まず，平成23年の参考資料において使用していた「評価規準に盛り込むべき事項」や「評価規準の設定例」については，報告において「現行の参考資料のように評価規準を詳細に示すのではなく，各教科等の特質に応じて，学習指導要領の規定から評価規準を作成する際の手順を示すことを基本とする」との指摘を受け，第2編において示すことを改め，本参考資料の第3編における事例の中で，各教科等の事例に沿った評価規準を例示したり，その作成手順等を紹介したりする形に改めている。

　次に，本参考資料の第2編に示す「内容のまとまりごとの評価規準」は，平成23年の「評価規準の作成，評価方法等の工夫改善のための参考資料」において示した「評価規準に盛り込むべき事項」と作成の手順を異にする。具体的には，「評価規準に盛り込むべき事項」は，平成20年改訂学習指導要領における各教科等の目標，各学年（又は分野）の目標及び内容の記述を基に，学習評価及び指導要録の改善通知で示している各教科等の評価の観点及びその趣旨，学年（又は分野）別の評価の観点の趣旨を踏まえて作成したものである。

　また，平成23年の参考資料では「評価規準に盛り込むべき事項」をより具体化したものを「評価規準の設定例」として示している。「評価規準の設定例」は，原則として，学習指導要領の各教科等の目標，学年（又は分野）別の目標及び内容のほかに，当該部分の学習指導要領解説（文部科学省刊行）の記述を基に作成していた。他方，本参考資料における「内容のまとまりごとの評価規準」については，平成29年改訂の学習指導要領の目標及び内容が育成を目指す資質・能力に関わる記述で整理されたことから，既に確認のとおり，そこでの「内容のまとまり」ごとの記述を，文末を変換するなどにより評価規準とすることを可能としており，学習指導要領の記載と表裏一体をなす関係にあると言える。

　さらに，「主体的に学習に取り組む態度」の「各教科等・各学年等の評価の観点の趣旨」についてである。前述のとおり，従前の「関心・意欲・態度」の観点から「主体的に学習に取り組む態度」の観点に改められており，「主体的に学習に取り組む態度」の観点に関しては各学年（又は分野）の「1　目標」を参考にしつつ，必要に応じて，改善等通知別紙4に示された学年（又は分野）別の評価の観点の趣旨のうち「主体的に学習に取り組む態度」に関わる部分を用いて「内容のまとまりごとの評価規準」を作成する必要がある。

---

[14] 特別活動については，これまでも三つの観点に基づいて児童生徒の資質・能力の育成を目指し，指導に生かしてきたところであり，上記の変更点に該当するものではないことに留意が必要である。

報告にあるとおり，「主体的に学習に取り組む態度」は，現行の「関心・意欲・態度」の観点の本来の趣旨であった，各教科等の学習内容に関心をもつことのみならず，よりよく学ぼうとする意欲をもって学習に取り組む態度を評価することを改めて強調するものである。また，本観点に基づく評価としては，「主体的に学習に取り組む態度」に係る各教科等の評価の観点の趣旨に照らし，

① 知識及び技能を獲得したり，思考力，判断力，表現力等を身に付けたりすることに向けた粘り強い取組を行おうとする側面と，

② ①の粘り強い取組を行う中で，自らの学習を調整しようとする側面，

という二つの側面を評価することが求められるとされた[15]。

以上の点から，今回の改善等通知で示した「主体的に学習に取り組む態度」の「各教科等・各学年等の評価の観点の趣旨」は，平成22年通知で示した「関心・意欲・態度」の「各教科等・各学年等の評価の観点の趣旨」から改められている。

---

[15] 各教科等によって，評価の対象に特性があることに留意する必要がある。例えば，体育・保健体育科の運動に関する領域においては，公正や協力などを，育成する「態度」として学習指導要領に位置付けており，各教科等の目標や内容に対応した学習評価が行われることとされている。

第2編

「内容のまとまりごとの評価規準」
を作成する際の手順

1 中学校外国語科の「内容のまとまり」

中学校外国語科における「内容のまとまり」は，中学校学習指導要領 第2章第9節外国語 第2 各言語の目標及び内容等 英語 1 目標に示されている「五つの領域」のことである。

○ 聞くこと
　ア　はっきりと話されれば，日常的な話題について，必要な情報を聞き取ることができるように
　　する。
　イ　はっきりと話されれば，日常的な話題について，話の概要を捉えることができるようにす
　　る。
　ウ　はっきりと話されれば，社会的な話題について，短い説明の要点を捉えることができるよ
　　うにする。

○ 読むこと
　ア　日常的な話題について，簡単な語句や文で書かれたものから必要な情報を読み取ることが
　　できるようにする。
　イ　日常的な話題について，簡単な語句や文で書かれた短い文章の概要を捉えることができる
　　ようにする。
　ウ　社会的な話題について，簡単な語句や文で書かれた短い文章の要点を捉えることができる
　　ようにする。

○ 話すこと[やり取り]
　ア　関心のある事柄について，簡単な語句や文を用いて即興で伝え合うことができるようにす
　　る。
　イ　日常的な話題について，事実や自分の考え，気持ちなどを整理し，簡単な語句や文を用い
　　て伝えたり，相手からの質問に答えたりすることができるようにする。
　ウ　社会的な話題に関して聞いたり読んだりしたことについて，考えたことや感じたこと，そ
　　の理由などを，簡単な語句や文を用いて述べ合うことができるようにする。

○ 話すこと[発表]
　ア　関心のある事柄について，簡単な語句や文を用いて即興で話すことができるようにする。
　イ　日常的な話題について，事実や自分の考え，気持ちなどを整理し，簡単な語句や文を用い
　　てまとまりのある内容を話すことができるようにする。
　ウ　社会的な話題に関して聞いたり読んだりしたことについて，考えたことや感じたこと，そ
　　の理由などを，簡単な語句や文を用いて話すことができるようにする。

○ 書くこと
　ア　関心のある事柄について，簡単な語句や文を用いて正確に書くことができるようにする。
　イ　日常的な話題について，事実や自分の考え，気持ちなどを整理し，簡単な語句や文を用い
　　てまとまりのある文章を書くことができるようにする。
　ウ　社会的な話題に関して聞いたり読んだりしたことについて，考えたことや感じたこと，そ
　　の理由などを，簡単な語句や文を用いて書くことができるようにする。

2　中学校外国語科における「内容のまとまりごとの評価規準」作成の基本的な手順

　「内容のまとまりごとの評価規準」は，第1編に示した基本的な手順を踏まえ，各教科等の特質に応じた形で作成する。外国語科の特質に応じた「内容のまとまりごとの評価規準」作成の具体的な手順については，次ページ以降に記載している。

【確認事項】

①　外国語科における「内容のまとまり」の記述が，観点ごとにどのように整理されているかを確認する。

②　「内容のまとまり（五つの領域）ごとの評価規準」を作成する。

3　中学校外国語科における「内容のまとまりごとの評価規準」作成の手順

①　外国語科における「内容のまとまり」の記述が，観点ごとにどのように整理されているかを確認する。

　外国語科における「内容のまとまり」は，五つの領域（「聞くこと」「読むこと」「話すこと［やり取り］」「話すこと［発表］」「書くこと」）である。

　五つの領域別の目標の記述は，資質・能力の三つの柱を総合的に育成する観点から，各々を三つの柱に分けずに一文ずつの能力記述文で示している。

○　聞くこと

　ア　はっきりと話されれば，日常的な話題について，必要な情報を聞き取ることができるようにする。

　イ　はっきりと話されれば，日常的な話題について，話の概要を捉えることができるようにする。

　ウ　はっきりと話されれば，社会的な話題について，短い説明の要点を捉えることができるようにする。

○　読むこと

　ア　日常的な話題について，簡単な語句や文で書かれたものから必要な情報を読み取ることができるようにする。

　イ　日常的な話題について，簡単な語句や文で書かれた短い文章の概要を捉えることができるようにする。

　ウ　社会的な話題について，簡単な語句や文で書かれた短い文章の要点を捉えることができるようにする。

○　話すこと［やり取り］

　ア　関心のある事柄について，簡単な語句や文を用いて即興で伝え合うことができるようにする。

　イ　日常的な話題について，事実や自分の考え，気持ちなどを整理し，簡単な語句や文を用いて伝えたり，相手からの質問に答えたりすることができるようにする。

　ウ　社会的な話題に関して聞いたり読んだりしたことについて，考えたことや感じたこと，その理由などを，簡単な語句や文を用いて述べ合うことができるようにする。

○　話すこと［発表］

　ア　関心のある事柄について，簡単な語句や文を用いて即興で話すことができるようにする。

　イ　日常的な話題について，事実や自分の考え，気持ちなどを整理し，簡単な語句や文を用いてまとまりのある内容を話すことができるようにする。

　ウ　社会的な話題に関して聞いたり読んだりしたことについて，考えたことや感じたこと，その理由などを，簡単な語句や文を用いて話すことができるようにする。

○　書くこと

　ア　関心のある事柄について，簡単な語句や文を用いて正確に書くことができるようにする。

　イ　日常的な話題について，事実や自分の考え，気持ちなどを整理し，簡単な語句や文を用いてまとまりのある文章を書くことができるようにする。

　ウ　社会的な話題に関して聞いたり読んだりしたことについて，考えたことや感じたこと，その理由などを，簡単な語句や文を用いて書くことができるようにする。

② 「内容のまとまり（五つの領域）ごとの評価規準」を作成する。

（1）「内容のまとまり（五つの領域）ごとの評価規準」を作成する際の【観点ごとのポイント】

○「知識・技能」のポイント

・「知識」については，中学校学習指導要領「外国語」p.130「2　内容」の〔知識及び技能〕における「(1) 英語の特徴やきまりに関する事項」に記されていることを指しており，それらの事項を理解している状況を評価する。

・「技能」について，

- 「話すこと［やり取り］」，「話すこと［発表］」，「書くこと」は，実際のコミュニケーションにおいて，日常的な話題や社会的な話題について，事実や自分の考え，気持ちなどを，簡単な語句や文を用いて話したり書いたりして表現したり伝えあったりする技能を身に付けている状況を評価する。

- なお，指導する単元で扱う言語材料が提示された状況で，それを使って事実や自分の考え，気持ちなどを話したり書いたりすることができるか否かを評価するのではなく，使用する言語材料の提示がない状況においても，それらを用いて事実や自分の考えなどを話したり書いたりすることができる技能を身に付けているか否かについてを評価する。

- 「話すこと」について，音声の特徴を捉えて話していることについては，特定の単元等で扱うのではなく，「話すこと」の指導全体を通して適宜評価する。

- 「聞くこと」，「読むこと」は，実際のコミュニケーションにおいて，日常的な話題や社会的な話題について話されたり書かれたりする文章等を聞いたり読んだりして，その内容を捉える技能を身に付けている状況を評価する。

○「思考・判断・表現」のポイント

・「話すこと［やり取り］」，「話すこと［発表］」，「書くこと」は，コミュニケーションを行う目的や場面，状況などに応じて，日常的な話題や社会的な話題について，事実や自分の考え，気持ちなどを，簡単な語句や文を用いて，話したり書いたりして表現したり伝えあったりしている状況を評価する。

・「聞くこと」，「読むこと」は，日常的な話題や社会的な話題について話されたり書かれたりする文章等を聞いたり読んだりして，コミュニケーションを行う目的や場面，状況などに応じて，必要な情報や概要，要点などを捉えている状況を評価する。

○「主体的に学習に取り組む態度」のポイント

・「主体的に学習に取り組む態度」は，外国語の背景にある文化に対する理解を深め，聞き手，読み手，話し手，書き手に配慮しながら，主体的に外国語を用いてコミュニケーションを図ろうとしている状況を評価する。

・具体的には，「話すこと［やり取り］」，「話すこと［発表］」，「書くこと」は，日常的な話題や社会的な話題などについて，目的や場面，状況などに応じて，事実や自分の考え，気持ちなどを，簡単な語句や文を用いて，話したり書いたりして表現したり伝えあったりしようとしてい

る状況を評価する。
・「聞くこと」,「読むこと」は,コミュニケーションを行う目的や場面,状況などに応じて,日常的な話題や社会的な話題などについて話されたり書かれたりする文章を聞いたり読んだりして,必要な情報や概要,要点を捉えようとしている状況を評価する。
・上記の側面と併せて,言語活動への取組に関して見通しを立てたり振り返ったりして自らの学習を自覚的に捉えている状況についても,特定の領域・単元だけではなく,年間を通じて評価する。

（2）学習指導要領の「領域別の目標」及び「内容のまとまりごとの評価規準（例）」

		知識及び技能	思考力，判断力，表現力等	学びに向かう力，人間性等
聞くこと		ア　はっきりと話されれば，日常的な話題について，必要な情報を聞き取ることができるようにする。 イ　はっきりと話されれば，日常的な話題について，話の概要を捉えることができるようにする。 ウ　はっきりと話されれば，社会的な話題について，短い説明の要点を捉えることができるようにする。		
読むこと		ア　日常的な話題について，簡単な語句や文で書かれたものから必要な情報を読み取ることができるようにする。 イ　日常的な話題について，簡単な語句や文で書かれた短い文章の概要を捉えることができるようにする。 ウ　社会的な話題について，簡単な語句や文で書かれた短い文章の要点を捉えることができるようにする。		
話すこと［やり取り］		ア　関心のある事柄について，簡単な語句や文を用いて即興で伝え合うことができるようにする。 イ　日常的な話題について，事実や自分の考え，気持ちなどを整理し，簡単な語句や文を用いて伝えたり，相手からの質問に答えたりすることができるようにする。 ウ　社会的な話題に関して聞いたり読んだりしたことについて，考えたことや感じたこと，その理由などを，簡単な語句や文を用いて述べ合うことができるようにする。		
話すこと［発表］		ア　関心のある事柄について，簡単な語句や文を用いて即興で話すことができるようにする。 イ　日常的な話題について，事実や自分の考え，気持ちなどを整理し，簡単な語句や文を用いてまとまりのある内容を話すことができるようにする。 ウ　社会的な話題に関して聞いたり読んだりしたことについて，考えたことや感じたこと，その理由などを，簡単な語句や文を用いて話すことができるようにする。		
書くこと		ア　関心のある事柄について，簡単な語句や文を用いて正確に書くことができるようにする。 イ　日常的な話題について，事実や自分の考え，気持ちなどを整理し，簡単な語句や文を用いてまとまりのある文章を書くことができるようにする。 ウ　社会的な話題に関して聞いたり読んだりしたことについて，考えたことや感じたこと，その理由などを，簡単な語句や文を用いて書くことができるようにする。		

	知識・技能	思考・判断・表現	主体的に学習に取り組む態度
聞くこと	[知識] 英語の特徴やきまりに関する事項を理解している。 [技能] 実際のコミュニケーションにおいて，日常的な話題や社会的な話題について，はっきりと話された文章等を聞いて，その内容を捉える技能を身に付けている。	コミュニケーションを行う目的や場面，状況などに応じて，日常的な話題や社会的な話題についてはっきりと話される文章を聞いて，必要な情報や概要，要点を捉えている。	外国語の背景にある文化に対する理解を深め，話し手に配慮しながら，主体的に英語で話されることを聞こうとしている。
読むこと	[知識] 英語の特徴やきまりに関する事項を理解している。 [技能] 実際のコミュニケーションにおいて，日常的な話題や社会的な話題について書かれた短い文章等を読んで，その内容を捉える技能を身に付けている。	コミュニケーションを行う目的や場面，状況などに応じて，日常的な話題や社会的な話題について書かれた短い文章を読んで，必要な情報や概要，要点を捉えている。	外国語の背景にある文化に対する理解を深め，書き手に配慮しながら，主体的に英語で書かれたことを読もうとしている。
話すこと[やり取り]	[知識] 英語の特徴やきまりに関する事項を理解している。 [技能] 実際のコミュニケーションにおいて，日常的な話題や社会的な話題について，事実や自分の考え，気持ちなどを，簡単な語句や文を用いて伝え合う技能を身に付けている。	コミュニケーションを行う目的や場面，状況などに応じて，日常的な話題や社会的な話題について，事実や自分の考え，気持ちなどを，簡単な語句や文を用いて，伝え合っている。	外国語の背景にある文化に対する理解を深め，聞き手，話し手に配慮しながら，主体的に英語を用いて伝え合おうとしている。

話すこと[発表]	[知識] 英語の特徴やきまりに関する事項を理解している。 [技能] 実際のコミュニケーションにおいて，日常的な話題や社会的な話題などについて，事実や自分の考え，気持ちなどを，簡単な語句や文を用いて話す技能を身に付けている。	コミュニケーションを行う目的や場面，状況などに応じて，日常的な話題や社会的な話題について，事実や自分の考え，気持ちなどを，簡単な語句や文を用いて，話している。	外国語の背景にある文化に対する理解を深め，聞き手に配慮しながら，主体的に英語を用いて話そうとしている。
書くこと	[知識] 英語の特徴やきまりに関する事項を理解している。 [技能] 実際のコミュニケーションにおいて，日常的な話題や社会的な話題などについて，事実や自分の考え，気持ちなどを，簡単な語句や文を用いて，またはそれらを正確に用いて書く技能を身に付けている。	コミュニケーションを行う目的や場面，状況などに応じて，日常的な話題や社会的な話題などについて，事実や自分の考え，気持ちなどを，簡単な語句や文を用いて，書いている。	外国語の背景にある文化に対する理解を深め，聞き手，読み手，話し手，書き手に配慮しながら，主体的に英語を用いて書こうとしている。

第３編

単元ごとの学習評価について

（事例）

第1章　「内容のまとまり（五つの領域）ごとの評価規準」の考え方を踏まえた評価規準の作成

1　本編事例における学習評価の進め方について

　単元における観点別学習状況の評価を実施するに当たり，まずは年間の指導と評価の計画を確認することが重要である。その上で，学習指導要領の目標や内容，「内容のまとまり（五つの領域）ごとの評価規準」の考え方等を踏まえ，以下のように進めることが考えられる。なお，複数の単元にわたって評価を行う場合など，以下の方法によらない事例もあることに留意する必要がある。

評価の進め方	留意点
1　単元の目標を作成する	○　学習指導要領の目標や内容，学習指導要領解説等を踏まえて作成する。 ○　生徒の実態，前単元までの学習状況等を踏まえて作成する。
2　単元の評価規準を作成する	
3　「指導と評価の計画」を作成する	○　**1，2**を踏まえ，評価場面や評価方法等を計画する。 ○　どのような評価資料（生徒の反応やパフォーマンスなど）を基に，「おおむね満足できる」状況（B）と評価するかを考えたり，「努力を要する」状況（C）への手立て等を考えたりする。
授業を行う	○　**3**に沿って観点別学習状況の評価を行い，生徒の学習改善や教師の指導改善につなげる。
4　観点ごとに総括する	○　集めた評価資料やそれに基づく評価結果などから，観点ごとの総括的評価（A，B，C）を行う。

2　単元の評価規準の作成のポイント

　外国語科では，前述の通り，学習指導要領において言語「英語」の目標を五つの領域別で示しており，学年ごとの目標を示していない。「指導計画の作成及び内容の取扱い」において，各学校において学年ごとの目標を設定することとしている。

　このため，「教科の目標」及び「内容のまとまり（五つの領域）ごとの評価規準等」に基づき，各学校が生徒の発達の段階と実情を踏まえ，学校の「学年ごとの目標」を設定した上で，単元ごとの評価規準を作成する場合の基本的な考え方を示す。

学年ごとの目標及び評価規準の設定

・各学校においては，「教科の目標」及び「領域別の目標」に基づき，各学校における生徒の発達の段階と実情を踏まえ，「学年ごとの目標」を適切に定める。

・五つの領域別の「学年ごとの目標」は，領域別の目標を踏まえると，各々を資質・能力の三つの柱に分けずに一文の能力記述文で示すことが基本的な形となる。なお，五つの領域別の「学年ごとの目標」の設定は，これまでも中学校・高等学校においては「ＣＡＮ－ＤＯリスト形式」による学習到達目標の作成及び活用として，すでに各学校で行われてきたところである。

・一方で，五つの領域別の「学年ごとの目標」に対応する評価規準は，「内容のまとまり（五つの領域）ごとの評価規準」を踏まえて，三観点で記述する必要がある。五つの領域別の「学年ごとの目標」から評価規準を作成する手順は，「内容のまとまり（五つの領域）ごとの評価規準」の場合と基本的に同じである。

単元ごとの目標及び評価規準の設定

・単元ごとの目標は，学年ごとの目標を踏まえて設定する。

・単元ごとの評価規準は，「内容のまとまり（五つの領域）ごとの評価規準」「学年ごとの評価規準」と同様に，単元ごとの目標を踏まえて設定する。

・単元ごとの目標及び評価規準は，各単元で取り扱う題材，言語の特徴やきまりに関する事項（言語材料），当該単元の中心となる言語活動において設定するコミュニケーションを行う目的や場面，状況など，また，取り扱う話題などに即して設定することになる。

・具体的には，「内容のまとまり（五つの領域）ごとの評価規準」を元に，以下のような手順で作成することが可能である。

・これらはあくまで例示であり，より重点化したり，より端的に記載したりすることも考えられる。目標に照らして観点別の評価を行う上で必要な要素が盛り込まれていれば，語順や記載の仕方等は必ずしもこの例示の通りである必要はない。

「読むこと」の場合

〇「知識・技能」の評価規準について
　　＜知識＞
　　　・【言語材料】の特徴やきまりに関する事項を理解している。」が基本的な形となる。

・【言語材料】には，当該単元で扱う言語材料が入る。言語材料の種類に応じて「○○を用いた文の構造を理解している」や「○○の意味や働きを理解している」などに適宜置き換えて当てはめる。

＜技能＞

・「【言語材料】などを活用して，【話題】について【書かれた文等】の内容を読み取る技能を身に付けている。」が基本的な形となる。

・【話題】には，当該単元の中心となる言語活動で扱う話題等が入る。

・【書かれた文等】には，「（【話題】について）書かれた文章」や，「（【話題】について）の物語文」，「（【話題】について）の広告」，「（【話題】について）の手紙」などが入ることが考えられる。

○ 「思考・判断・表現」の評価規準について

（ア）

・「【目的等】に応じて，【話題】について【書かれた文等】から，必要な情報を捉えている。」が基本的な形となる。

・【目的等】は，当該単元の中心となる言語活動において設定する目的や場面，状況などを，「○○に応じて」「○○するよう」等の形にして当てはめる。その際，学習指導要領に示されている「言語の使用場面の例」や「言語の働きの例」を踏まえて設定する。

（イ）

・「【目的等】に応じて，【話題】について【書かれた文等】を読んで，概要を捉えている。」が基本的な形となる。

（ウ）

・「【目的等】に応じて，【話題】について【書かれた文等】を読んで，要点を捉えている。」が基本的な形となる。

○ 「主体的に学習に取り組む態度」の評価規準について

（ア）

・「【目的等】に応じて，【話題】について【書かれた文等】から，必要な情報を捉えようとしている。」が基本的な形となる。

（イ）

・「【目的等】に応じて，【話題】について【書かれた文等】を読んで，概要を捉えようとしている。」が基本的な形となる。

（ウ）

・「【目的等】に応じて，【話題】について【書かれた文等】を読んで，要点を捉えようとしている。」が基本的な形となる。

※言語活動への取組に関して見通しを立てたり振り返ったりして自らの学習を自覚的に捉えている様子については，特定の領域・単元だけでなく，年間を通じて評価する。

【「読むこと」イの評価規準の設定例】

	知識・技能	思考・判断・表現	主体的に学習に取り組む態度
評価規準（設定例）	＜知識＞ 　時間の経過を表す語句の意 【言語材料】 味や働きを理解している。 ＜技能＞ 　時間を表す語句などの意味 【言語材料】 や働きの理解を基に，歴史上 【話題】 の人物の人生について書かれ 【書かれた文等】 た文章の内容を読み取る技能 を身に付けている。	文章の大まかな流れを時間 【目的等】 軸に沿って書きまとめるため に，歴史上の人物の人生につ 【話題】 いて書かれた文章の概要を捉 【書かれた文等】 えている。	文章の大まかな流れを時 【目的等】 間軸に沿って書きまとめる ために，歴史上の人物の人生 【話題】 について書かれた文章の概 【書かれた文等】 要を捉えようとしている。

「話すこと［やり取り］」の場合

○「知識・技能」の評価規準について

＜知識＞

- 「【言語材料】について理解している。」が基本的な形となる。
- 【言語材料】には，当該単元で扱う言語材料が入る。
- 言語材料の種類に応じて，適宜「○○を用いた文の構造を」や「○○の意味や働きを」などの形で当てはめる。

＜技能＞

（ア）

- 「【事柄・話題】について，【言語材料】などを用いて，【内容】を即興で伝え合う技能を身に付けている。」が基本的な形となる。
- 【事柄・話題】には，当該単元の中心となる言語活動で扱う事項や話題等が入る。
- 【内容】には，当該単元の言語活動で伝え合う，【事柄・話題】に関する事実や自分の考え，気持ちなどが入る。

（イ）

- 「【事柄・話題】について，【内容】を整理し，【言語材料】などを用いて伝えたり，相手からの質問に答えたりする技能を身に付けている。」が基本的な形となる。
- 【事柄・話題】には，当該単元の言語活動で扱う，身近な話題等が入る。

（ウ）

- 「【事柄・話題】について聞いたり読んだりしたことについて，【内容】を，【言語材料】などを用いて述べ合う技能を身に付けている。」が基本的な形となる。
- 【事柄・話題】には，当該単元の言語活動で扱う，社会的な話題等が入る。

※＜技能＞の（ア）（イ）（ウ）のいずれについても，指導する単元で扱う言語材料が提示された状況で，それを使って事実や自分の考え，気持ちなどを話したり書いたりすることができる状況を評価するのではなく，使用する言語材料の提示がない状況において，既習の言語材料を用いて事実や自分の考えなどを話したり書いたりすることができる技能を身に付けている状況を評価することに留意する。

○「思考・判断・表現」の評価規準について

（ア）

- 「【目的等】に応じて，【事柄・話題】について，簡単な語句や文を用いて，【内容】を即興で伝え合っている。」が基本的な形となる。
- 【目的等】には，当該単元の中心となる言語活動の中で設定するコミュニケーションを行う目的や場面，状況など（以下「目的等」という。）を，「○○に応じて」「○○するよう」などの形で当てはめる。その際，学習指導要領の「言語の使用場面の例」や「言語の働きの例」を踏まえて設定する。（イ）（ウ）も同じ。

（イ）

- 「【目的等】に応じて，【事柄・話題】について，【内容】を整理し，簡単な語句や文を用いて伝えたり，相手からの質問に答えたりしている。」が基本的な形となる。

（ウ）

- 「【目的等】に応じて，【事柄・話題】について聞いたり読んだりして，【内容】を，簡単な語句や文を用いて述べ合っている。」が基本的な形となる。

○「主体的に学習に取り組む態度」の評価規準の作成の仕方について

（ア）

- 「【目的等】に応じて，【事柄・話題】について，簡単な語句や文を用いて即興で伝え合おうとしている。」が基本的な形となる。

（イ）

- 「【目的等】に応じて，【事柄・話題】について，【内容】を整理し，簡単な語句や文を用いて伝えたり，相手からの質問に答えたりしようとしている。」が基本的な形となる。

（ウ）

- 「【目的等】に応じて，【事柄・話題】について聞いたり読んだりして，【内容】を，簡単な語句や文を用いて述べ合おうとしている。」が基本的な形となる。

※言語活動への取組に関して見通しを立てたり振り返ったりして自らの学習を自覚的に捉えている様子については，特定の領域・単元だけでなく，年間を通じて把握する。

【「話すこと［やり取り］」イの評価規準の設定例】

		知識・技能	思考・判断・表現	主体的に学習に取り組む態度
評価規準（設定例）		＜知識＞ 助動詞 can や疑問詞 when を用 言語材料 いた文の構造を理解している。 ＜技能＞ 町や地域について，事実や自分 話題　　　　　　　内容 の考え，気持ちなどを整理し， 助動詞 can や疑問詞 when など 言語材料 の簡単な語句や文を用いて伝 えたり，相手からの質問に答え たりする技能を身に付けてい る。	外国の人に「行ってみたい」 目的等 と思ってもらえるように， 町や地域のことについて， 話題　　　　　　　内容 事実や自分の考え，気持ち などを整理し，簡単な語句 や文を用いて伝えたり，相 手からの質問に答えたりし ている。	外国の人に「行ってみた 目的等 い」と思ってもらえるよう に，町や地域のことについ 話題 て，事実や自分の考え，気持 内容 ちなどを整理し，簡単な語 句や文を用いて伝えたり， 相手からの質問に答えたり しようとしている。

以上のような評価規準に照らして各単元等で評価した各領域の評価結果を，観点別評価に総括する方法を以下に示す。なお，ここで示すのは学年末に指導要録における観点別評価に総括する方法であるが，ここで示す考え方は各学期で総括する際に活用することができる。

（例）

ペーパーテスト等の結果（活動の観察の結果を加味）

パフォーマンステスト及び活動の観察の結果（ペーパーテスト等の結果を加味）

	聞くこと	読むこと	話すこと［やり取り］	話すこと［発表］	書くこと	観点別評価	評定
知識・技能	b	b	c	c	b	B	
思考・判断・表現	b	b	c	b	c	B	3
主体的に学習に取り組む態度	b	b	b	b	c	B	

自己評価（振り返りの記述内容）を参考

- 42 -

※「ペーパーテスト等」とは，ペーパーテスト（期末テストや単元テスト等）の他，言語活動の際に用いるワークシートを指す。「活動の観察」とは，単元終末の言語活動やそれに至るまでの言語活動の観察を指す。

※「知識・技能」のうち「知識」（音声に関することは除く）については，領域を問わずペーパーテスト等により評価することが考えられる。（事例4参照）

※評価情報（表中のbやc）は，従来の評価の方法同様，主に三つの方法（ペーパーテスト等，パフォーマンステスト，活動の観察）から得ることができる。評価情報を得る方法は各事例参照。

※学期単位で総括する際は，全ての評価情報を得ることができない場合が考えられる（例：「話すこと」の［やり取り］の評価情報は得たが［発表］は得ていない）が，学年末に総括する際には全ての評価情報が得られていることが必要となる。

※ここで示しているのは各領域・観点の評価情報を得るための評価方法の例であり，必ずしもこの通りの方法でなければならないわけではない。

「知識・技能」は，「b，b，c，c，b」となっていることから，「b」と「c」の数の比率に鑑み，「B」と総括している。なお，学期単位で総括する場合であれば，当該学期で重点を置いて指導した領域の結果を重視して総括するという方法も考えられる。例えば「話すこと［やり取り］」及び「話すこと［発表］」に重点を置いて指導したのであれば，これらの領域の「c」という結果を踏まえ「C」と総括することが考えられる。なお，重点を置いて指導した領域の結果を重視するという考え方は，他の観点においても同様である。

「思考・判断・表現」は，「b，b，c，b，c」となっているため，数の比率を踏まえると「B」と総括することが考えられるとともに，授業における言語活動の観察の結果を加味し「B」と判断することが妥当と考え「B」と総括している。

「主体的に学習に取り組む態度」は，「b，b，b，b，c」となっているため，数の比率から「B」と総括している。

第2章　学習評価に関する事例について

1　事例の特徴

第1編第1章2（4）で述べた学習評価の改善の基本的な方向性を踏まえつつ，平成29年改訂学習指導要領の趣旨・内容の徹底に資する評価の事例を示すことができるよう，本参考資料における各教科の事例は，原則として以下のような方針を踏まえたものとしている。

○　単元に応じた評価規準の設定から評価の総括までとともに，生徒の学習改善及び教師の指導改善までの一連の流れを示している

本参考資料で提示する事例は，いずれも，題材の評価規準の設定から評価の総括までとともに，評価結果を生徒の学習改善や教師の指導改善に生かすまでの一連の学習評価の流れを念頭においたものである（事例の一つは，この一連の流れを特に詳細に示している）。なお，観点別の学習状況の評価については，「おおむね満足できる」状況，「十分満足できる」状況，「努力を要する」状況と判断した生徒の具体的な状況の例などを示している。「十分満足できる」状況という評価になるのは，生徒が実現している学習の状況が質的な高まりや深まりをもっていると判断されるときである。

○　観点別の学習状況について評価する時期や場面の精選について示している

報告や改善等通知では，学習評価については，日々の授業の中で生徒の学習状況を適宜把握して指導の改善に生かすことに重点を置くことが重要であり，観点別の学習状況についての評価は，毎回の授業ではなく原則として単元や題材など内容や時間のまとまりごとに，それぞれの実現状況を把握できる段階で行うなど，その場面を精選することが重要であることが示された。このため，観点別の学習状況について評価する時期や場面の精選について，「指導と評価の計画」の中で，具体的に示している。

○　評価方法の工夫を示している

生徒の反応やノート，ワークシート，パフォーマンスなどの評価資料をどのように活用したかなど，評価方法の多様な工夫について示している。

第3編

2　各事例概要一覧と事例

※各事例における「課」とは，教科書のレッスンやユニット等の単元のことを指す。
※各事例における「学期」とは，3学期制の場合を想定。

事例1　キーワード　複数単元を通した「話すこと [やり取り]」における各観点の一体的な評価
「読んだことについて，事実や自分の考え，気持ちなどを伝え合う」（第3学年）
・3つの単元（第3学年の1課～3課）を通した目標，評価規準，指導と評価の計画及び，当該単元から一つの単元を取り出し，単元の指導と評価の計画も示している。
・パフォーマンステストの内容，指示文，採点の基準，生徒のやりとり例及び評価結果を示している。
・第3学年1学期を例に，学期末の観点別学習状況の評価の進め方を示している。
・「話すこと [やり取り]」の指導について，「言語活動を通して資質・能力を育成する」という観点からの，パフォーマンステストに至るまでに行う指導の仕方例及びパフォーマンステスト後に実施することが考えられる指導例（フィードバックの例）を示している。

事例2　キーワード　「読むこと」における「思考・判断・表現」の評価
「まとまりのある文章の必要な情報を読み取ったり，概要や要点を捉えたりする」（第2学年）
・第2学年3学期の8課を例に，当該単元における目標，評価規準，指導と評価の計画を示している。
・「読むこと」の「思考力，判断力，表現力等」を育成するための指導例を示している。
・「読むこと」における「思考・判断・表現」を評価するためのペーパーテストの作成方法及び問題例を示している。加えて，「読むこと」における「知識・技能」を評価する問題例も示している。
・第2学年3学期を例に，学期末の観点別学習状況の評価の進め方を示している。

事例3　キーワード　複数単元を通した「聞くこと」における「思考・判断・表現」の評価
「まとまりのある文章の必要な情報を聞き取ったり，概要や要点を捉えたりする」（第3学年）
・3つの単元（第3学年の1課～3課）を通した目標，評価規準，指導と評価及び，当該単元から一つの単元を取り出し，指導と評価の計画も示している。
・「聞くこと」の「思考力，判断力，表現力等」を育成するための指導例を示している。
・「聞くこと」における「思考・判断・表現」を評価するためのペーパーテストの作成方法及び問題例を示している。加えて，「聞くこと」における「知識・技能」を評価する問題例も示している。
・第3学年1学期を例に，学期末の観点別学習状況の評価の進め方を示している。

事例4　キーワード　特定の言語材料に焦点を当てた「知識・技能」の評価
「外国の人に自分たちの学校を紹介しよう」（人称及び現在進行形）（第1学年）
・第1学年3学期の8課を例に，当該単元における目標，評価規準，指導と評価の計画を示している。
・ペーパーテストやワークシートの問題例及び作成方法を示している。
・第1学年3学期を例に，学期末の観点別学習状況の評価の進め方を示している。
・言語材料の指導について，理解させる段階と使用させる段階に分けて，それぞれにおける指導例を示している。

事例5 キーワード 「主体的に学習に取り組む態度」の評価

全領域・全単元に共通

・「主体的に学習に取り組む態度」の評価に関する基本的な考え方を示している。

・評価時期の考え方を示している。

・第1学年1学期を例に，学期末の観点別学習状況の進め方を示している。

・「自己調整」を図ることができるようにするための指導を示している。

以上5つの事例が，いずれの観点及び領域を扱っているかを図で示すと以下のようになる。

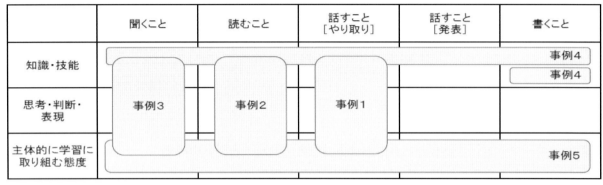

	聞くこと	読むこと	話すこと [やり取り]	話すこと [発表]	書くこと
知識・技能	事例3	事例2	事例1		事例4 / 事例4
思考・判断・表現					
主体的に学習に取り組む態度					事例5

事例2，3は，主に「思考・判断・表現」の評価の方法等について示している。
事例4は，以下の二つの評価の方法等について示している。
　・特定の言語材料に関する「知識」（音声に関することは除く）に焦点を当てて評価する方法
　・特定の言語材料に関する「技能」に焦点を当てて評価する方法（「書くこと」の場合）

外国語科　　事例1

キーワード　複数単元を通した「話すこと［やり取り］」における各観点の一体的な評価

単元名

　　読んだことについて，事実や自分の考え，気持ちなどを伝え合う（第3学年　1学期）

内容のまとまり

「話すこと［やり取り］」ウ

1　「話すこと［やり取り］」における第3学年の目標及び評価規準

（1）目標

　　日常的な話題や社会的な話題に関して，聞いたり，読んだりしたことについて事実や自分の考え，気持ちなどを，簡単な語句や文を用いて伝え合うことができる。

　　※［やり取り］の目標「ア」「イ」「ウ」ごとに目標を設定することも考えられる。

（2）評価規準

知識・技能	思考・判断・表現	主体的に学習に取り組む態度
・学習した言語材料の特徴やきまりを理解している。 ・実際のコミュニケーションにおいて，日常的な話題や社会的な話題に関して聞いたり読んだりしたことについて，事実や自分の考え，気持ちなどを簡単な語句や文を用いて伝え合う技能を身に付けている。	コミュニケーションを行う目的や場面，状況などに応じて，日常的な話題や社会的な話題に関して聞いたり読んだりしたことについて，事実や自分の考え，気持ちなどを，簡単な語句や文を用いて伝え合っている。	外国語の背景にある文化に対する理解を深め，聞き手，話し手に配慮しながら，主体的に外国語を用いてやり取りしようとしている。

2　1課から3課を通して育てたい「話すこと［やり取り］」の能力

　　日常的な話題や社会的な話題（野菜の歴史，世界遺産，リサイクルなど）について書かれた文章を読み，読んだことを基に考えたことや感じたこと，その理由などを伝え合うことができる。

（参考）1課から3課をまとめて目標及び評価規準を設定する場合，以下のようになる。
　　　■目標
　　　　　友達の意見等を踏まえた自分の考えや感想などをまとめるために，日常的な話題や社会的な話題（野菜の歴史，世界遺産，リサイクルなど）について書かれた文章を読み，読んだことを基に考えたことや感じたこと，その理由などを伝え合うことができる。
　　　■評価規準（話すこと［やり取り］の評価規準）

知識・技能	思考・判断・表現	主体的に学習に取り組む態度
［知識］ 受け身や現在完了形などの特徴やきまりを理解している。 ［技能］ 日常的な話題や社会的な話題（野菜の歴史，世界遺産，リサイクルなど）について考えたことや感じたこと，その理由などを，受け身や現在完了形などを用いて伝え合う技能を身に付けている。	友達の意見等を踏まえた自分の考えや感想などをまとめるために，日常的な話題や社会的な話題（野菜の歴史，世界遺産，リサイクルなど）に関して読んだことについて考えたことや感じたこと，その理由などを伝え合っている。	友達の意見等を踏まえた自分の考えや感想などをまとめるために，日常的な話題や社会的な話題（野菜の歴史，世界遺産，リサイクルなど）に関して読んだことについて考えたことや感じたこと，その理由などを伝え合おうとしている。

　　※実際の評価に当たっては，他領域（「読むこと」など）の評価規準を設定することも考えられる。

3　単元の目標と評価規準

※例として１課の目標と評価規準を示す。２課と３課については，扱う言語材料と話題等が変わるが他の部分は１課と同じになる。

（１）目標

友達の意見等を踏まえた自分の考えや感想をまとめるために，野菜の歴史について書かれた英文を読み，読んだことを基に考えたことや感じたことを，英文を引用したり内容に言及したりしながら伝え合うことができる。

※以下，「英文を引用したり内容に言及したりする」を，「英文を引用するなど」という。

（２）評価規準（「話すこと［やり取り］」の評価規準）

知識・技能	思考・判断・表現	主体的に学習に取り組む態度
・受け身や現在完了形の特徴やきまり，引用するための表現を理解している。 ・野菜の歴史について考えたことや感じたことなどを，受け身や現在完了形などを用いて伝え合う技能を身に付けている。	友達の意見等を踏まえた自分の考えや感想をまとめるために，社会的な話題（野菜の歴史）に関して読んだことについて，考えたことや感じたことなどを，英文を引用するなどして伝え合っている。	友達の意見等を踏まえた自分の考えや感想をまとめるために，社会的な話題（野菜の歴史）に関して読んだことについて，考えたことや感じたことなどを，英文を引用するなどして伝え合おうとしている。

※実際の指導と評価に当たっては，他の領域（「読むこと」など）の評価規準も設定することが考えられる。

4　指導と評価の計画

本事例では，１課から３課を通じて，日常的な話題や社会的な話題の英語の文章を読み，読んだことに基づいて考えたことや感じたことを理由とともに，文を用いて伝え合うことができるようにすることを目標としている。そのため，①教科書を読んだ後に，ペアで考えたことや感じたこと，その理由を伝え合う「話すこと［やり取り］」の言語活動を継続的に実施する。②ペアでの言語活動の後で，友達の意見等を踏まえた自分の意見や感想をまとめるという目的意識をもたせるようにする。③自分の考えなどを伝える際には，受け身や現在完了形などの学習してきた文を正しく用いて伝え合うようにする。下の図は１課から３課までの指導の考え方を示している。

知識及び技能	思考力，判断力，表現力等
自分の考えたことや感じたこと，その理由などを，学習してきた文を正しく用いて伝え合う。	１課：野菜の歴史についての英語の対話文やスピーチ原稿を読み，引用しながらペアやグループで考えたことなどを伝え合う。 ２課：日本にある世界遺産に関する英語の対話文や手紙，発表原稿を読み，引用しながらペアやグループで考えたことなどを理由とともに伝え合う。 ３課：ごみ問題に関する英語の対話文や報告を読み，引用しながらペアやグループで考えたことなどを理由とともに伝え合い，やり取りを継続する。

友達の意見等を踏まえた自分の考えや感想をまとめるために，日常的な話題や社会的な話題（野菜の歴史，世界遺産，リサイクルになど）について考えたことや感じたことなどを理由とともに伝え合う。

各課の指導と評価の計画

時間	課	目標（■）及び主な言語活動（●）	評価
1〜8	1課	■友達の意見等を踏まえた自分の考えや感想をまとめるために，野菜の歴史について書かれた英文を読み，読んだことを基に考えたことや感じたことなどを，英文を引用するなどしながら伝え合うことができる。	
		●対話文やスピーチ原稿を読んだ後に，ペアやグループで考えたことや感じたことなどを，英文を引用するなどしながら伝え合う。その後で，ペアで話した内容を踏まえ自分の考えなどを書く。なお，単元を通して，毎時間の冒頭に帯活動として身近な話題に関する「話すこと［やり取り］」の言語活動（Small Talk）を行う。	・本課の最後の授業における言語活動において，評価規準に照らした評価を活動の観察により行う。（詳細は後述） ・1課から3課を通じて指導したことがどの程度習熟・育成されたかを評価するために後日パフォーマンステストを行う。（詳細は後述）
9〜16	2課	■友達の意見等を踏まえた自分の考えや感想をまとめるために，世界遺産について書かれた英文を読み，読んだことを基に考えたことや感じたことなどを理由とともに，英文を引用するなどしながら伝え合うことができる。	
		●対話文，手紙，発表原稿を読んだ後に，ペアやグループで考えたことや感じたことなどを理由とともに伝え合う。その後で，ペアで話した内容を踏まえ自分の考え等を書く。なお，単元を通して，毎時間の冒頭に帯活動として身近な話題に関する「話すこと［やり取り］」の言語活動（Small Talk）を行う。	・本課の最後の授業における言語活動において，評価規準に照らした評価を活動の観察により行う。 ・1課から3課を通じて指導したことがどの程度習熟・育成されたかを評価するために後日パフォーマンステストを行う。（詳細は後述）
17〜24	3課	■友達の意見等を踏まえた自分の考えや感想をまとめるために，リサイクルについて書かれた英文を読み，読んだことを基に考えたことや感じたことなどを理由とともに，英文を引用するなどしながら対話を継続して伝え合うことができる。	
		●対話文やメールを読んだ後に，英文を引用するなどしながら，ペアやグループで考えたことや感じたことなどを理由とともに伝え合い，やり取りを継続する。その後で，ペアで話した内容を踏まえ自分の考え等を書く。なお，単元を通して，毎時間の冒頭に帯活動として身近な話題に関する「話すこと［やり取り］」の言語活動（Small Talk）を行う。	・本課の最後の授業における言語活動において，評価規準に照らした評価を活動の観察により行う。 ・1課から3課を通じて指導したことがどの程度習熟・育成されたかを評価するために後日パフォーマンステストを行う。（詳細は後述）
後日		初見の英文を読み，やり取りを行うパフォーマンステストを実施する。（詳細は後述）	

※実際の指導と評価に当たっては，上記のような長いスパンの見通しをもった上で，各単元の指導と評価の計画を作成する。参考までに1課の指導と評価を以下に示す。

（参考）　１課の指導と評価の計画

　以下の表中「○」が付されている時間は極力全員の学習状況を記録に残すよう努めるが，確実に全員分の記録を残すのは学期末のパフォーマンステスト及びペーパーテストの機会とする。なお，○が付されていない授業においても，指導の改善や生徒の学習改善に生かすために，生徒の学習状況（例：受け身を使って考えを話すことができているか，引用しながら考えを話しているか）を確認することが重要である。確認結果は，単元や学期末の評価を総括する際に参考にすることができる。

時間	ねらい（■），言語活動等（丸数字）	知	思	態	備考
1	■単元の目標を理解する。 ■教科書の対話文を読み，引用するなどしながら考えたことや感じたことなどを伝え合う。 ①自己目標を設定する。 ②教科書の対話文を読み，読み取れた内容に関する自分の考えや感じたことなどをペアで伝え合う。 ③対話文で使われている未知の語の意味や受け身の構造と意味を理解する。 ④英文を引用するための英語表現を学ぶ。（Student A says, "〜." According to student A, ... など） ⑤再度，対話文の内容に関して，引用しながら考えや感想などを別のペアで伝え合う。 ⑥ペアで話した内容を踏まえ自分の考え等を書く。				・自分の考え等を伝える際は，語句ではなく文で伝えさせる。 ・後日行うパフォーマンステストに向け，「帯活動」で，身近な話題に関する「話すこと［やり取り］」の言語活動（Small Talk）に取り組ませ，相手の話に関わらせたり質問したりさせる。 ・第2, 3時の学習の振り返りは適宜行わせる。（自己目標の設定や振り返りのさせ方などについては事例5参照）
2	■対話文を読み，引用するなどしながら，考えたことや感じたことなどを伝え合う。 ①受け身を使って作成された教科書本文とは別の対話文を読み，引用しながら，考えたことや感じたことを受け身の英文を使ってペアで伝え合う。 ②再度，対話文の内容に関して，引用しながら考えや感想などを別のペアで伝え合う。 ③ペアで話した内容を踏まえ自分の考え等を書く。				
3	■教科書の対話文（第1時で読んだ対話文の続き）を読み，引用するなどしながら考えたことや感じたことなどを伝え合う。 ①教科書の対話文を読み，読み取れた内容に関する自分の考えや感じたことなどをペアで伝え合う。 ②対話文で使われている未知の語の意味や現在完了形（肯定文）の構造と意味を理解する。 ③前時までに学んだ引用方法を確認し，それを意識して再度，対話文の内容に関して，引用しながら考えや感想などを別のペアで伝え合う。 ④ペアで話した内容を踏まえ自分の考え等を書く。				記録に残す評価は行わない。ただし，ねらいに即して生徒の活動の状況を確実に見届けて指導に生かすとともに，生徒の活動の状況はよう毎時間必ず行う。活動させているだけにならないよう十分留意する。
4	■対話文を読み，引用するなどしながら，考えたことや感じたことを伝え合う。 ①現在完了形（完了用法・肯定文）を使って作成した教科書とは別の対話文を読み，引用などしながら，考えたこと				

	や感じたことなどをペアで伝え合う。 ※②以降は第3時の③，④と同じ。				
5	■教科書の対話文とレポート（第3時で読んだ対話文の続き）を読み，引用するなどしながら考えたことや感じたことなどを伝え合う。 ①教科書の対話文とレポートを読み，引用しながら自分の考えや感じたことなどをペアで伝え合う。 ②対話文等で使われている未知の語の意味や現在完了形（完了用法，否定文・疑問文）の構造と意味を理解する。 ※③以降は第3時の③，④と同じ。				
6	■対話文や文章を読み，引用するなどしながら，考えたことや感じたことなどを伝え合う。 ①現在完了形（完了用法の否定文，疑問文）を使って作成した教科書とは別の対話文や文章を読み，引用しながら考えたことや感じたことなどをペアで伝え合う。 ※②以降は，第3時の③，④と同じ。				
7	■ピクチャー・カードを使い，受け身や現在完了形などを正しく用いながら，教師やALTに教科書の全ての本文内容について説明する。 ①ペアになり，相手を教師やALTにみたてて，教科書本文内容についてピクチャー・カードを使いながら説明する。 ②一人一人が教師やALTに教科書本文内容を説明する。	○			・「注」①，②参照
8	■初見の文章を読み，引用するなどしながら考えたことや感じたこと，その理由などを伝え合う。 ①スピーチ原稿を読み，考えなどをペアで伝え合う。 ②ペアで話した内容を書く。 ③自己目標の達成状況を振り返り，次の課題を明確にする。	○	○	○	・「注」③参照
後日	パフォーマンステスト	○	○	○	本事例「5」参照

記録に残す評価は行わない。ただし，ねらいに即して生徒の活動の状況を確実に見届けて指導に生かすことは毎時間必ず行う。活動させているだけにならないよう十分留意する。

注：
①教師は1回につき4人（2ペア）を観察し，「知識・技能」の評価規準に照らして，受け身や現在完了形を使用しなくてはならない文脈で用いることができるかを観察する。
②本事例では「話すこと［やり取り］」であるため当該領域の言語活動により本単元で扱う言語材料を用いて自分の考えなどを伝え合う技能を身に付けているか否かを評価する。他方，他の領域に焦点を当てた単元の場合，当該領域の言語活動により当該単元で扱う言語材料に関する「知識・技能」を評価することになる（「読むこと」は事例2，「聞くこと」は事例3，「書くこと」は事例4をそれぞれ参照）。
③以下のとおり評価する。
　・初見の文章を読み，読んだことについて，引用するなどしながら考えたことや感じたことなどをペアで3分程度伝え合う。その後，ペアを複数回変え，やり取りをさせる。
　・教師は1回につき，4人（2ペア）を観察し，本課の評価規準（「知識・技能」，「思考・判断・表現」，「主体的に学習に取り組む態度」）に照らして評価する。十分な発話がない生徒がいた場合には，新しいペアにおけるやり取りを観察する。
　・第8時の観察の結果を本課の評価情報として極力記録に残すようにする。「知識・技能」の評価については，現在完了形や受け身の使用がみられなかった場合，第7時の観察の結果を加味することが考えられる。また，「主体的に学習に取り組む態度」の評価については第8時だけに限らず日々の授業における言語活動への取組状況を勘案する。（事例5参照）

5　パフォーマンステストについて

　「1課の指導と評価の計画」で示した後日行うパフォーマンステストについて以下に示す。なお，以下に示すパフォーマンステストは生徒2人でやり取りする場合を例示しているが，その他，教師も加わり3人でやり取りしたり，生徒1人がALTとやり取りしたりすることも考えられる。

（1）内容

「AI の進歩と私たちの生活」に関する記事（article）を読み，読んだことに基づいて考えたことや感じたこと，その理由などを伝え合う。

（2）準備する課題

次の指示文が印刷された用紙を準備しテスト前に配付する。

> AI に興味をもっている ALT が，「AI の進歩と私たちの生活」に関する下の記事［Article about AI］に関して，どう考えたり感じたりするか，また互いの意見や感想についてどう思うかについて聞きたいと言っています。そこであなたたちは，この記事を読み，友達と意見交換することにしました。［Article about AI］を読み，その内容に基づいてペアでやり取りをしてください。読む時間は3分です。
>
> ［Article about AI］
> 　　People have created a lot of things throughout history.
> 　　These days, AI robots are used in some areas of our daily lives.　AI products will change our lives in the future.　It is easy for us to get better lives with AI.　There are already some AI products around us, and new ones will be made.　For example, an AI fridge will be made in the near future.　The fridge will tell us what to cook with the food in it.
> 　　AI will make our lives happier.　What do you think?

（3）採点の基準

「思考・判断・表現」について，単元を通して指導したことを踏まえて以下の3つの条件を全て満たしていれば「b」としている。なお，生徒の実態や指導の状況を踏まえ，全ての条件を満たしていれば「a」，2個なら「b」，1個以下なら「c」とすることも考えられる。

> 条件1：読んだ英文を引用するなどしている。
>
> 条件2：自分の考えたことや感じたことなどを理由とともに述べている。
>
> 条件3：相手の考えを求めたり，話題を広げたり深めたりしながら対話を継続している。

	知識・技能	思考・判断・表現	主体的に学習に取り組む態度
a	誤りのない正しい英文で話すことができる。	自分の考えを詳しく述べたり，効果的に引用したりしながら，3つの条件を満たしてやり取りしている。	自分の考えを詳しく述べたり，効果的に引用したりしながら，3つの条件を満たしてやり取りしようとしている。
b	誤りが一部あるが，コミュニケーションに支障のない程度の英文を用いて話すことができる。	3つの条件を満たしてやり取りしている。	3つの条件を満たしてやり取りしようとしている。
c	「b」を満たしていない	「b」を満たしていない	「b」を満たしていない

※音声に関することも「知識・技能」の基準に含むことが考えられる。その場合，3課を通じて音声に関する指導にも重点を置く必要がある。

（4）生徒のやりとり例及び評価結果

【例1】　※下線部は，誤りがある発話や文として不十分な発話を指す。【例2】も同じ。

ア）生徒のやり取り例

Student A: What did you think about the article?［条件3］

Student B: I think AI is great.

Student A: Why do you think so?［条件３］
Student B: <u>Article write AI fridge.</u>［条件１］　　<u>No waste food if we can use it.</u>［条件２］
Student A: I think so, too.　　<u>Article writes AI makes our lives better.</u>［条件１］
Student B: …　　<u>My family using AI … AI 掃除機.</u>　　We can get free time.［条件２］…　　You want?
　　　　　Well…, you, you …（と言って相手の発話を求める手の動きをする。）
Student A: Yes.　　I want AI… cleaner.　　AI product is very useful because it helps us.［条件２］

イ）採点の結果

	知識・技能	思考・判断・表現	主体的に学習に取り組む態度
Student A	a	b	b
	正しい英文で話すことができている。	３つの条件を満たしてやり取りしている。	３つの条件を満たしてやり取りしようとしている。
Student B	b	c	b
	コミュニケーションに支障のない程度の英文で話すことができている。（No waste food if we can use it.など）	条件３（対話の継続）を満たしていない。	条件３（対話の継続）は満たしていないが、質問しようとする状況はみられた。（You want?　Well…, you, you …）

※「主体的に学習に取り組む態度」は、基本的には「思考・判断・表現」と一体的に評価する。一方で、Student Bのように、３つの条件を満たしてやり取りすることはできなかったが、<u>しようとしている態度（本事例では、聞き手に配慮しながら対話を継続しようとしている態度）が明らかに見られた場合、「思考・判断・表現」が「c」であっても、「主体的に学習に取り組む態度」を「b」にすることも考えられる。</u>

【例２】

　ア）生徒のやり取り例

Student C: This article is interesting.
Student D: Yes.　　<u>AI great.</u>　　Do you think…?［条件３］
Student C: Yes.　　Article wrote, "AI products will change our lives in the future."［条件１］　　I think so, too.　　AI has changed our lives now, not only in the future.　　<u>I using AI in my smart phone. It give my favorite songs.</u>［条件２］…①
Student D: …　　I don't … use ….
Student C: Do you know AI products?［条件３］
Student D: No.　　But I want AI fri, fri,（教師の助けを借りて）fridge.　　<u>Article … AI cook help.</u>［条件１］　　<u>AI help my mother.</u>［条件２］
Student C: Yes.　　I want AI fridge, too, and a new smart phone.　　<u>AI is good, but has bad points.　　It can do many work, so many people can't work.</u>［条件２］…②
　　　　　※①及び②により、Student Cは自分の考えを詳しく述べていると判断した。

　イ）採点の結果

	知識・技能	思考・判断・表現	主体的に学習に取り組む態度
Student C	b	a	a
	コミュニケーションに支障のない程度の英文で話すことができている。（I using AI ~.など）	自分の考えを詳しく述べたり、効果的に引用したりしながら、３つの条件を満たしてやり取りしている。	自分の考えを詳しく述べたり、効果的に引用したりしながら、３つの条件を満たしてやり取りしようとしている。
Student D	c	b	b
	正確な英文で話すことができていない。（AI great.）	３つの条件を満たしたやり取りをしている。	３つの条件を満たしたやり取りをしようとしている。

※Student Dは、発話している英文はほぼ全てが不正確、不十分であるが、条件を満たしたやり取りはしていると判断して「思考・判断・表現」は「b」としている。正確さは、英語使用を繰り返す中で徐々に高まっていくことを十分に踏まえ、発話が不正確だからといって、発話内容を適正に評価しないということがないようにすることが重要である（「思考・判断・表現」の評価については、発話の不正確さなどに惑わされることなく発話内容から判断する）。

6 観点別学習状況の評価の進め方

Student A 及び Student B を例に，これらの生徒の1課から3課の単元終末における活動の観察の結果が以下であった場合の，1学期の観点別評価の総括の考え方について示す。（3学期制の場合）

Student A

	1課の結果	2課の結果	3課の結果	パフォーマンステストの結果	話すこと［やり取り］の評価結果	他の領域の評価結果	1学期の観点別評価
知	b	b	b	a	a	(a~c)	(A~C)
思	c	c	b	b	b	(a~c)	(A~C)
態	c	c	b	b	b	(a~c)	(A~C)

第3編
事例1

1課から3課へ学習を行うにしたがっていずれの観点についても向上がみられることに鑑み，1学期の「話すこと［やり取り］」における各観点の評価結果をそれぞれ「a」「b」「b」としている。なお，「主体的に学習に取り組む態度」の1課，2課，3課，パフォーマンステストにおける評価（c, c, b, b）はいずれも，自己評価も参考にした上で「思考・判断・表現」と一体的に評価した結果である。自己評価の参考の仕方や自己評価を参考にする際の留意点等については事例5を参照すること。また，「他の領域の評価結果」を得る方法等については，「聞くこと」は事例2，「読むこと」は事例3をそれぞれ参照すること。

Student B

	1課の結果	2課の結果	3課の結果	パフォーマンステストの結果	話すこと［やり取り］の評価結果	他の領域の評価結果	1学期の観点別評価
知	b	a	b	b	b	(a~c)	(A~C)
思	c	b	b	c	b	(a~c)	(A~C)
態	c	b	b	b	b	(a~c)	(A~C)

「知識・技能」については，2課で「a」であったものの，3課を通じて概ね「b」でありパフォーマンステストでも「b」であったことから「b」としている。「思考・判断・表現」については，パフォーマンステストでは「c」であった一方で，1課から3課へ学習を行うにしたがって「c→b」という向上がみられることに鑑み「b」としている。「主体的に学習に取り組む態度」は，1課の結果からパフォーマンステストの結果までが概ね「b」であることに鑑み「b」としている。

7 指導について

（1）パフォーマンステストに至るまでの指導

「4 指導と評価の計画」の「各課の指導と評価の計画」で示したとおり，1課から3課を通じて，表現内容の適切さという点（内容面）と，英語使用の正確さという点（言語面）の二点からの指導を，複数単元（1課～3課）を通して行う。当該学期を通じて，言語活動に取り組ませながら，学期末で評価することを指導するということである。

このような内容面と言語面からの指導は，単位時間の授業においても行われることが求められる。単位時間における指導例のイメージを図式化すると以下のようになる。図中②～④については図の下に補足する。

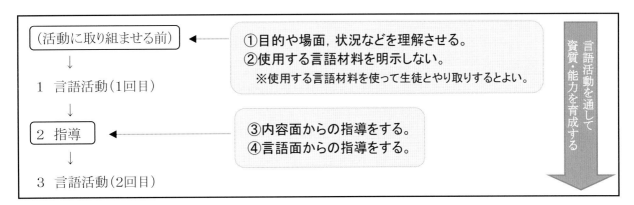

【②について】

　「この表現を使って話しなさい」と指示したり，「ペアの一方はこのように質問し，もう一方はこのように答えなさい」といったやり取りのパターンを示したりするのではなく，目的や場面，状況などに応じて，「何を話す（聞く）とよいか」と「それを英語でどのように表現するか」を生徒に思考・判断させることが肝要である。このことは，「外国語によるコミュニケーションにおける見方・考え方」を働かせる上でも必要なことである。また，言語活動前は，使用させたい言語材料を教師が自ら使って生徒とやり取りするとよい（「移行期間における指導資料について（中学校外国語科）」の「帯活動に係る指導資料」（https://www.mext.go.jp/a_menu/kokusai/gaikokugo/1414459.htm）参照）。なお，使用する言語材料を明示しない状況で言語活動に取り組ませることの必要性は第2編で述べているとともに事例4でも示しているので参考にすること。

【③，④について】

　内容面の指導は，目的や場面，状況などに応じた発話内容になっているかという点から，いずれかの生徒の発話内容を例として取り上げ，何を伝えるとより良くなるかを全員に考えさせたり，目的や場面，状況などに応じた発話をしていた生徒の発話内容を広めたりすることが考えられる。言語面の指導は，生徒の発話を取り上げるなどしながら，単語だけによる発話を文にさせること，語順の誤りを修正させること，日本語での発話を英語にさせることなどを行うことが考えられる。なお，誤りの訂正については，生徒の発話内容をまずは受け止めるという姿勢を大切にした上で，過度に正確さを求めすぎず，長いスパンで少しずつ正確さを高めようとする指導観をもって指導に当たることが大切である。また，上述した内容面及び言語面の指導を1回の指導で全て行うことは時間的に現実的ではないため，生徒の実態や指導の状況を踏まえ指導することの焦点化が必要だと考える。加えて，いずれの指導についても，それらを確実に行うためには意図的な机間指導が必須である。言語活動に取り組んでいる生徒の発話に耳を傾ける際は，漠然とその様子を見聞きするのではなく，生徒の発話の何を聞き取るか，その視点を明確にもつことが大切である。

（2）パフォーマンステスト実施後の指導

・生徒一人一人に，それぞれの観点の評価結果を示し，できるようになったことを認める。その上で，自分自身で成果や課題を明らかにさせ，次の課に向けた目標をもたせる。

・パフォーマンステスト中にみられた各観点の「a」または「b」の発話をいくつか示し，引用している部分や自分の考えなどを理由とともに話している部分に下線を引かせる。そのことにより，どのような発話をするとよいかを改めて自覚できるようにする。

外国語科　　事例2

キーワード　「読むこと」における「思考・判断・表現」の評価

単元名

　まとまりのある文章の必要な情報を読み取った
り，概要や要点を捉えたりする（第2学年　3学期）

内容のまとまり

　「読むこと」イ，ウ

1　「読むこと」における第2学年の目標

　日常的な話題や社会的な話題について，絵や図，表なども手がかりにしながら，簡単な語句や文で
書かれたものから必要な情報を読み取ったり，概要，要点を捉えたりすることができる。

　※「読むこと」の目標「ア」「イ」「ウ」ごとに目標を設定することも考えられる。

　※評価規準は省略

2　単元の目標と評価規準

（1）目標

　　あるテーマについての英文を読んで概要，要点を捉えるとともに，その内容を基に自分の意見や
　考えを伝え合ったり，意見文を書いたりすることができる。

（2）評価規準（「読むこと」の評価規準）

知識・技能	思考・判断・表現	主体的に学習に取り組む態度
・比較表現や受け身に関する事項を理解している。 ・比較表現や受け身などの意味や働きの理解を基に，英文の内容を読み取る技能を身に付けている。	あるテーマについての他者の意見を知り，自分の意見や考えを伝えるために，英文の概要，要点を捉えている。	あるテーマについての他者の意見を知り，自分の意見や考えを伝えるために，英文の概要，要点を捉えようとしている。

　　※実際の評価に当たっては，他領域（「話すこと［やり取り］」など）の評価規準を設定すること
　　も考えられる。

3　指導と評価の計画

　本事例は「読むこと」を取り上げていることに鑑み，以下の「指導と評価の計画」では，「読むこ
と」の指導に焦点を当てている。表中「○」が付されている時間は，極力全員の学習状況を記録に残
すよう努めるが，確実に全員分の記録を残すのは後日行うペーパーテストの機会とする。なお，○が
付されていない授業においても，指導の改善や生徒の学習改善に生かすために，よい姿を示している
生徒や課題がみられる生徒の学習状況（例：タイトルから予想したり，表やマッピングを活用したり
して，要点や概要を捉えているか）を確認することは重要である。確認結果は単元や学期末の評価を
総括する際に参考にすることができる。

時間	ねらい（■）・主な言語活動等（丸数字）	知	思	態	備考
1 2	■教科書本文から必要な情報を読み取り，読み取った内容を伝え合う。 ①教科書本文を読む際の一般的な読み方の学習として，以下のことを学習する。 　・本文を読む前に質問を読み（聞き），予想をする。 　・予想が合っているかどうか本文を読んで確認する。 ②本文の中で，比較表現がどのように使われているかを確認し，比較表現を使って本文を要約して話す。 ③自己目標を設定する。（第1時）				・本時以降，帯活動として5～10分程度，初見の短い英文（200語程度）を読む活動などを行い，継続的に読む力を育成することも考えられる。
3	■教科書本文の要点を捉え，書き手の最も伝えたいことを伝え合う。 ①教科書本文（第1，2時の続き）を読んで，書き手の最も伝えたいこと（要点）を捉える。 　・本文のタイトルから要点を予想する。 　・本文を読んで予想があっていたかを確認する。また，要点だと判断した根拠となる英文を選ぶ。 ②第1～2時の②と同じ活動に繰り返し取り組む。				・第2時から第6時の学習の振り返りは適宜行わせる（自己目標の設定や振り返りのさせ方などについては事例5参照）
4	■教科書本文の概要や要点を捉え，伝え合う。 ①教科書本文（第3時の続き）を読み，要点や概要を捉える。 　・概要を捉えるために，本文内容を表にまとめたり，マッピングを作成したりする。 　・要点を捉えるために，タイトルから予想したり，各段落にタイトルを付けて比較したりする。 ②内容を整理した表を使い，本文内容とその内容に対する自分の考えなどをペアで伝え合う。				記録に残す評価は行わない。ただし，ねらいに即して生徒の活動の状況を確実に見届けさせ指導に生かすことは毎時間必ず行う。活動させているだけにならないよう十分留意する。
5	■教科書本文全体のテーマについて自分の考えなどを伝え合う。 ①教科書本文で比較表現がどのように使われているかを再度確認した上で，教科書本文全体のテーマに対する自分の考えを，本文に書かれていることを引用しながら，複数のペアと伝え合う。 ②伝え合ったことを踏まえ，自分の考えを再構築し，その内容を書く。				
6	■意見文を読んで，概要や要点を捉え，自分の感想や考えを伝え合う。 ①教科書本文のテーマについて教師が書いた意見文を，第3，4時に学習した読み方で読み，概要や要点を捉える（ワ		○	○	

	ークシート) ②書き手（教師）が一番伝えたいことに対する自分の考えなどを，引用しながら複数のペアと伝え合う。 ③自己目標の達成状況を振り返り，次の課題を明確にする。					
後日	ペーパーテスト	○	○	○	本事例「4」参照

上記「指導と評価の計画」で示した指導に加え，読み取る内容に応じて，以下の指導を行うことが考えられる。

> ■必要な情報を読み取る場合
> ・目的や場面，状況などを設定し，自分が必要とする情報（数字や天気などのキーワード）が何か意識させてから読ませる。
> ■概要を捉える
> ・ペアで「5W1H」について質問し合いながら読ませる。
> ・図や表にまとめながら読ませる。
> ・時系列で書かれた文章は，時を表す語句に着目させて読ませる。
> ・各段落の最初の1～2文をまず読ませる。
> ■要点を捉える
> ・筆者の伝えたいことは何かを予想させたうえで，読ませる。
> ・So, Therefore, In conclusion など結論等を表す語句に着目して読ませる。

これらの指導をしても読み取ることができない生徒に対しては，例えば以下の指導が考えられる。

> ・読む前に，絵や図に書かれていることについて生徒とやり取りをしながら，文章のキーワードに気付かせる。
> ・読む前に音声を聞かせる。
> ・物語などを読む際には，展開に合わせて絵を並べ替えさせる。
> ・意味のかたまりごとに英文にスラッシュを入れさせて（またはスラッシュを入れた本文を）読ませる。

4　ペーパーテストの作成に当たって

　「3　指導と評価の計画」で示した後日行うペーパーテストとして，第2学年3学期末（8課と9課を学習した後）のペーパーテストで出題する問題について，「思考・判断・表現」を評価する問題に焦点を当て，その作成方法等を以下に示す。なお，本事例では「読むこと」を取り上げているが，以下に示す内容は，「読むこと」だけではなく「聞くこと」にも対応している。

（1）ペーパーテストの作成方法

　①当該学年や当該単元の「聞くこと」及び「読むこと」の目標を確認する。

　②ペーパーテストで出題する問題により評価すること（必要な情報を読み取る／聞き取ること，概要を捉えること，要点を捉えること）を，当該学期で指導した内容を踏まえて明確にする。

　③評価することに応じてテストを作成する。なお，テスト作成の際には，次のア）からカ）の手順を参考にすることが考えられる。

ア) 評価することに適したテキストの種類を, 以下の表を参考にするなどして決定する。その際, 授業で扱った教科書本文のテキストの種類を生かすことに留意する。

必要な情報	広告, パンフレット, 予定表, 手紙, 電子メール等
概要	時系列で書かれた短い説明, 意見文, エッセイ, 物語等
要点	社会的な話題に関する説明文, 意見文, 手紙, 電子メール等

イ) テキストの種類に応じた文章を作成する。文章の作成に当たりその方法の例を以下に示す。

- 教科書で扱っている文章の構成を基に作成する。
- 教科書本文がダイアローグであればモノローグに書き換える。※その逆も可
- 他教科で学んだことを題材にする。
- ＡＬＴに作成を依頼する。その際, 当該期間で学習した教科書本文と関連のある話題やテキストの種類で書くことや, 扱った言語材料を使用することなどを依頼する。

ウ) 作成した文章を以下の点から確認する。

- 評価したいことに適した内容や構成になっているか（例：評価したいことが「要点を捉えること」である場合, 書き手の伝えたいことが確実に書かれているか）。
- 当該学期で扱った言語材料が出来る限り使用されているか。また, 分量は適切か。
- 背景知識がある生徒に有利な内容になっていないか。
- 聞いたり読んだりしなくても解答できる内容や問いになっていないか。
- 未習の語や文構造等がないか。ただし, 文脈によって意味の推測が可能で, 解答に関連しない箇所ならば使用することは考えられる。

エ) 問題を作成する。問題として考えられる例を以下に示すので参考にする。なお, 表中, 文末のＬは「聞くこと」で使用できる問題, Ｒは「読むこと」で使用できる問題, ＬもＲも記載がない場合はいずれの領域でも使用できる問題であることを意味する。

	解答形式	問題の種類
必要な情報	選択式	・英文（プレゼンテーションやアナウンス）を聞いて, 適切な表やグラフを選ぶ問題 (L) ・英文（アナウンス等）などを聞いて, 聞き手が次に取るべき行動を選ぶ問題 (L) ・イベントのポスターから開催日時やタイムスケジュールを聞いたり読んだりして, 自分がどの時間帯に参加するかを決める問題
	記述式	・話し手の状況や意向, 疑問を聞き取り, 助言や感想を記述する問題 (L) ・イベント紹介のパンフレット等を読み自分の目的に合うものを選ぶ問題 (R)
概要	選択式	・英文の概要に合う絵や図, グラフ, 英文等を選ぶ問題 ・英文の概要に合うよう, 絵や図等を並べ替える問題 ・英文の概要をまとめた別の文章を選ぶ問題 ・英文の概要に合うトピックとその順番を選ぶ問題 ・時系列で話されたり書かれたりしている英文の内容に合うよう, 英文を並べ替える問題
	記述式	・英文の内容に合うように, 表やグラフ等の空欄を単語等で埋める問題 ・英文の概要を書く問題 ・英文全体の内容に合うようにタイトルを付ける問題
要点	選択式	・英文の要点に合う英文を選ぶ問題 ・英文の要点をまとめた別の文章を選ぶ問題
	記述式	・英文の重要な点に合うようにタイトルを付ける問題 ・英文の要点を書く問題 ・英文の要点について, 自分の意見（賛否）とその理由を書く問題

※記述式の問題について, 単語で書かせたり, 英文で書かせたりする場合は２～３文程度に留めるなど「書くこと」の負担を軽減する。また, 「書くこと」の能力を問う問題にならないよう採点基準の設定に留意する。また, 問題には, 目的や場面, 状況などを必ず設定することが必要である。

オ）教師が実際に解くことで，問題の適切さを確認する。

　　・特定の語や文の意味が分かれば解ける問題になっていないか。

　　・選択式の問題の場合，誤答の選択肢の中で正答になりうるものはないか。

　　・1つの問題が他の問題の答を示していることはないか。

　　　（例）問1　Aはオーストラリアに行きましたか。

　　　　　　問2　Aはオーストラリアで何を見ましたか。

　　　　　　※この場合，問2を見ると，Aがオーストラリアに行ったのだとわかる。

カ）記述式の問題を作成した場合は，採点基準も作成する。

（2）ペーパーテスト例

　以下は，「思考・判断・表現」を評価する問題例である。なお，「思考・判断・表現」を評価する問題には，当該学期で扱った言語材料（以下「特定の言語材料」という。）を必ず使用しなければならないわけではない。一方で，「知識・技能」の問題では特定の言語材料を必ず使用して作成するものとする。

1　あなたと健司は二人でプレゼンテーションの原稿と表を作成することになりました。

> The other day, I watched a TV program.　Some young people went to an island and had to survive there for three days.　They could take only one thing to survive.　What did they take?　They took things like food, a picture of family members, a camera, a PC, a mobile phone and so on.　Most people took water.　The second largest number of people chose knives and the third most popular item was lighters. It was very interesting to me, so I asked my classmates.　Let's look at the three most common answers they gave and the reasons for their answers.
>
> 　Most people on the TV program chose water, but it wasn't the most popular item in my class.　Six of my classmates chose water.　They thought that they cannot survive without drinking water.　They can catch fish and eat them, but they cannot drink seawater.　Bottles of water are heavy but it's worth taking them.
>
> 　A knife was the second most popular item both on TV and in my class.　Seven of my classmates wanted to take a knife with them there.　Why?　They thought a knife is one of the most convenient tools. When they catch fish or get some fruit on the island, they can cut them with a knife easily.
>
> 　A lighter was the third most popular item on TV, but it was the No.1 item in my class.　Ten students wanted to take a lighter.　They thought fire is the most important and necessary thing to survive.　With a lighter, they can make a fire easily.　They can keep warm and cook food.　They said, "it can also be used to send an SOS to a helicopter."
>
> 　Through this research, I learned that we all have different ways of thinking.　What would you take to an island?

【問1】プレゼンテーションで下のような表を提示することになりました。表中のA，B，Cに入る語を1つずつ書きなさい。（A〜C完答）　※「概要を捉えること」を評価する問題

	People on TV	Classmates
Most popular	Water	A
Second popular	Knife	B
Third popular	Lighter	C

（正解：A…lighter, B…Knife, C…Water）

【問２】全校プレゼンテーション大会のプログラムに載せるため，このプレゼンテーションにどのようなタイトルを付けますか。下から選んでください。　※「概要を捉えること」を評価する問題

(1)　The popular thing to research

(2)　The popular thing to use

(3)　The important thing to survive　　（正解）

(4)　The important thing to think

2　留学生のトムからあなたに次のようなメールがきました。トムはあなたに何を頼んでいるのでしょうか。アからエの中から１つ選びなさい。　※「要点を捉えること」を評価する問題

> Dear Yuki,
>
> Hello.　How are you?　I'm fine, and I'm enjoying my life here in Japan.
>
> When I was in Australia, I watched a Japanese TV program on food and found that Japan is famous for noodles.　I learned Kagawa is famous for *udon*.
>
> Last weekend, I went there with my family to eat *udon*.　There are many *udon* restaurants in Kagawa and we visited 6 of them in one day.　Each of us ate 6 bowls of *udon*!　Can you believe that?　I felt too full to eat any more at that time.　However, now, I want to try them again.　Anyway, I bought *udon* in Kagawa for you and your grandmother.　I will bring them tomorrow so please take some to her.　See you soon.
>
> Tom

ア　テレビを見てほしい

イ　届け物をしてほしい　　（正解）

ウ　うどんを作ってほしい

エ　香川に連れて行ってほしい

(参考)「知識・技能」を評価する問題例

　第２編で示したとおり，「読むこと」の「知識・技能」は，書かれている文章等を読んでその内容を理解することができるか否かを評価する。以下に，「知識・技能」を評価する問題例を示す。

下の円グラフは，中学生１５０人を対象に行われた「好きな月調べ」の調査結果です。この円グラフを表す英文として正しいものを選びなさい。

① January is the most popular month.

② July is not as popular as April.

③ April is more popular than any other months.

④ December is more popular than August.

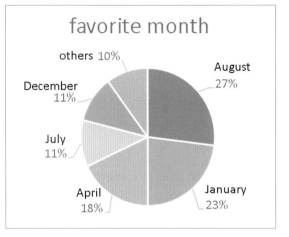

（正解）②

5　観点別学習状況の評価の進め方

3学期末のペーパーテスト（期末テスト）で[1]【問1】，[1]【問2】，[2]の問題を出題した場合，正答数により当該ペーパーテストの結果を以下のように評価することが考えられる。

	「思考・判断・表現」の評価結果
3問とも正解だった場合	a
1〜2問正解だった場合	b
3問とも不正解だった場合	c

以上のペーパーテスト（後日行ったペーパーテスト（期末テスト））の結果に，8課における評価結果（ワークシート等への記述内容）を勘案し，3学期の「読むこと」の評価を総括した例を以下に示す。なお，以下の例は3学期で8課，9課を指導した場合で，9課では「読むこと」についても指導したが「記録に残す評価」は行わなかった場合の例である。

	8課の結果	9課の結果	3学期末のペーパーテスト		「読むこと」の評価結果	他の領域の評価結果	3学期の観点別評価
			「知識・技能」を評価する問題の結果	「思考・判断・表現」を評価する問題の結果			
知	b		a		a	(a~c)	(A~C)
思	b			b	b	(a~c)	(A~C)
態	b			b	b	(a~c)	(A~C)

※上記の8課及び3学期末のペーパーテストにおける「主体的に学習に取り組む態度」は，「思考・判断・表現」と一体的に評価した場合の例を示している。

外国語科　　事例3

キーワード　複数単元を通した「聞くこと」における「思考・判断・表現」の評価

単元名	内容のまとまり
まとまりのある文章の必要な情報を聞き取ったり，概要や要点を捉えたりする（第3学年　1学期）	「聞くこと」ア，イ，ウ

1　「聞くこと」における第3学年の目標

　はっきりと話されれば，日常的な話題について，必要な情報を聞き取ったり話の概要を捉えたりすることができるとともに，社会的な話題について，話の要点を捉えることができる。

　　※「聞くこと」の目標「ア」「イ」「ウ」ごとに目標を設定することも考えられる。

　　※評価規準は省略

2　1課から3課を通して育てたい「聞くこと」の能力

　日常的な話題（好きな言葉をテーマとしたスピーチや場内アナウンスなど）について話された文章の必要な情報，概要，要点を捉えることができる。（「はっきりと話されれば」という条件は省略）

　（参考）1課から3課をまとめて目標及び評価規準を設定する場合，以下のようになる。
　　　　■目標
　　　　　日常的な話題（好きな言葉をテーマとしたスピーチや場内アナウンスなど）について話された文章の必要な情報，概要，要点を捉えることができる。
　　　■評価規準（「聞くこと」の評価規準）

知識・技能	思考・判断・表現	主体的に学習に取り組む態度
・受け身や現在完了形を用いた表現の特徴やきまりを理解している。 ・受け身や現在完了形の表現の特徴やきまりの理解を基に，好きな言葉をテーマとしたスピーチや場内アナウンスなどについては話された文章の内容を捉える技能を身に付けている。	好きな言葉をテーマとしたスピーチや場内アナウンスなどについて話された文章の必要な情報，概要，要点を聞き取ったり捉えたりしている。	好きな言葉をテーマとしたスピーチや場内アナウンスなどについて話された文章の必要な情報，概要，要点を聞き取ったり捉えたりしようとしている。

　　※実際の評価に当たっては，他の領域（「話すこと［発表］」など）の評価規準を設定することも考えられる。

3　単元の目標と評価規準　※1課の目標と評価規準を例示

（1）目標

　　自分のことをよりよく知ってもらうために，自分が好きな言葉をテーマとしたスピーチをしたり，級友のスピーチや教科書本文を聞いて要点を聞き取ったりすることができる。（「はっきりと話されれば」という条件は省略）

（2）評価規準（「聞くこと」の評価規準）

知識・技能	思考・判断・表現	主体的に学習に取り組む態度
・受け身の特徴やきまりを理解している。 ・受け身の特徴やきまりの理解を基に，教科書の登場人物や級友の自己紹介スピーチの内容を聞き取る技能を身に付けている。	教科書の登場人物や級友の自己紹介スピーチから，好きな言葉が何で，理由は何かなどの要点を聞き取っている。	教科書の登場人物や級友の自己紹介スピーチから，好きな言葉が何で，理由は何かなどの要点を聞き取ろうとしている。

　　※実際の評価に当たっては，他の領域（「話すこと［発表］」など）の評価規準を設定することも考えられる。

4 指導と評価の計画

本事例では，1課から3課を通した指導と評価について述べていることから，指導と評価の計画についても，1課から3課を通した内容を以下に示す。なお，本事例は「聞くこと」を取り上げていることに鑑み，「聞くこと」の指導に焦点を当てた内容としている。

時間	課	目標（■）及び主な言語活動（●）	評価
1～5	1課	■自分のことをよりよく知ってもらうために，自分が好きな言葉についてスピーチをしたり，級友のスピーチや教科書本文を聞いて要点を聞き取ったりすることができる。	
		●受け身表現が使用されている教科書本文を聞き，登場人物の好きな言葉が何か，その理由は何か（要点）などについて聞き取る。 ●好きな言葉をテーマとしたスピーチを行う。級友のスピーチの要点を聞き取る。（詳細は後述）	・「聞くこと」の言語活動で使用したワークシートを回収する。ワークシートへの記述内容は，学期末の学習評価を行う際に加味することが考えられる。 ・1課から3課を通して指導したことがどの程度習熟・育成されたかを評価するために後日ペーパーテストを行う。（詳細は後述）
6～12	2課	■外国人を招いて日本を紹介する国際交流会を開催するために，交流会で知りたい内容を外国人から聞き取ったり，聞き取った情報を基に紹介する内容を書いたりすることができる。	
		●現在完了形［継続用法］が使われた日常的な話題に関する短い講演やインタビューを聞いて概要を捉える。 ●国際交流会で知りたい内容（必要な情報）を外国人から聞き取る。 ●聞き取った内容を基に，国際交流会で紹介する内容の具体例などアピールポイントを書く。	・「聞くこと」の言語活動で使用したワークシートを回収する。ワークシートへの記述内容は，学期末の学習評価を行う際に加味することが考えられる。 ・1課から3課を通して指導したことがどの程度習熟・育成されたかを評価するために後日ペーパーテストを行う。（詳細は後述）
13～19	3課	■新聞記者になって「みんなが知らない○○先生（ALT）の魅力」と題した記事を書くために，知りたいことを整理しながら○○先生にインタビューして情報を聞き取ったり，聞き取った情報を基にまとまりのある内容で書いたりすることができる。	
		●現在完了形［完了・経験用法］が使われた会話や説明，とんち話を聞いて，その概要を捉える。 ●新聞記者になり，会話を広げたり内容を掘り下げたりしながら，ALTにインタビューする。 ●聞き取った情報を基に，「内容のまとまり」に留意して記事を書く。	・「聞くこと」の言語活動で使用したワークシートを回収する。ワークシートへの記述内容は，学期末の学習評価を行う際に加味することが考えられる。 ・本課の最後の授業に確認テスト実施（表下《確認テスト例》参照） ・1課から3課を通して指導したことがどの程度習熟・育成されたかを評価するために後日ペーパーテストを行う。（詳細は後述）

※3課の確認テストで使用する題材として，「英語教員のためのポータルサイト　えいごネット」（http://www.eigo-net.jp/）を活用することも考えられる。例えば，本ポータルサイトに掲載されている「世界遺産　白川郷」（本サイトにリンクが貼られている岐阜県総合教育センターのサイト。URL：https://gakuen.gifu-net.ed.jp/hoso/）の英文を活用する場合，以下のような活用方法が考えられる。

第3編
事例3

《確認テスト例》えいごネット「世界遺産 白川郷」を活用した確認テスト

① New Words を確認させる。（VTR 8:07〜9:08）

②日本語字幕等の補助を参考に大枠をつかませる。（VTR 1:09〜6:10）

③問題を黒板に掲示し読み上げる。Paul と Joshua の2人が白川郷について分かったことをレポートしています。自然，世界遺産，冬，夏という単語を使って箇条書きでまとめなさい。

④視聴（約2分）させ，記述（8分）させる。途中，必要に応じてメモをとらせる。

　実際の指導に当たっては，上記のような長いスパンの見通しをもった上で，各単元の指導と評価の計画を作成する。参考までに1課の指導と評価の計画を以下に示す。

（参考）　1課の指導と評価の計画

　本事例は「聞くこと」を取り上げていることに鑑み，以下の「指導と評価の計画」では，「聞くこと」に焦点を当てて示している。表中「○」が付されている時間は，極力全員の学習状況を記録に残すよう努めるが，確実に全員分の記録を残すのは後日行うペーパーテストの機会とする。なお，○が付されていない授業においても，指導の改善や生徒の学習改善に生かすために，よい姿を示している生徒や課題がみられる生徒の学習状況（例：予想しながら聞いているか，絵や図からの情報も踏まえて聞いているか）を確認することは重要である。確認結果は単元や学期末の評価を総括する際に参考にすることができる。

時間	ねらい（■），言語活動（丸数字）	知	思	態	備考
1	■単元の目標を理解する。 ■捉えたり聞き取ったりする内容（以下「捉える内容」と言う。）に応じた聞き方を理解し，その聞き方で教科書本文を聞く。 ①自己目標を設定する。 ②教師の発問等から捉える内容を理解し，教科書本文を聞く。 ③以下の聞き方を意識して，もう一度聞く。 「要点」を捉える場合の聞き方 ・In my opinion や The most important thing is 〜.などの表現に注目しながら聞く。 ・文章構成の知識を活用しながら聞く。 　「必要な情報」や「概要」を捉える場合，以下の聞き方があることも理解する（必要に応じて）。 「必要な情報」を聞き取る場合の聞き方 ・予想しながら聞く。 ・目的等に応じて必要な情報か否か判断しながら聞く。 「概要」を捉える場合の聞き方 ・話されている場面や状況を踏まえて聞く。 ・First, Second などの表現に注目し全体の構成を意識して聞く。 ・絵や図からの情報も助けにして聞く。 ④会話文で使われている未習の語の意味や内容，受け身の構造と				・単元を通じて，「聞き方」を板書するなどして意識させ続ける。 ・第2，3時の学習の振り返りは適宜行わせる。（自己目標の設定や振り返りのさせ方などについては事例5参照） 次ページ参照

	意味，受け身を使うとどのような説明ができるかを教科書本文から理解する。 ⑤好きな歌やドラマ，書籍等についてペアで伝え合う。 ⑥ペアで話した内容を踏まえ，自分の考えなどを書く。				
2	■第1時で学んだ「聞き方」を意識して教科書本文を聞くとともに，自分の好きな言葉について伝え合う。 ①第1時で学んだ「聞き方」を意識して教科書本文（第2時の続き）を聞く。答え合わせの際，どのような聞き方をしたかを交流し，共有する。 ※聞いて捉えることを複数準備し，それぞれを順番に聞き取らせることも考えられる。 ②教科書本文からスピーチの構成（タイトル→誰の言葉かなど→感想）と，キーワードとなる語句等を抜き出す。 ③②を踏まえて，「好きな言葉」について伝えるためのメモやマッピングを作成し，複数のペアで伝え合う。 ※活動と活動の間で必要な指導を行う。				記録に残す評価は行わない。ただし，ねらいに即して生徒の活動の状況を確実に見届けて指導に生かすことは毎時間必ず行う。活動させているだけにならないよう十分留意する。他事例も同じ。
3	■第1時で学んだ「聞き方」を意識して教科書本文を聞くとともに，自分の好きな言葉について伝え合う。 ①第1時で学んだ「聞き方」を意識して教科書本文（第2時の続き）を聞く。答え合わせの際，どのような聞き方をしたかを交流し，共有する。 ②聞き手に効果的に伝えるために，音声面でどのような工夫ができるか話し合った上で，教科書本文を再度聞き，登場人物の音声面での工夫を確認する。 ③第2時の②及び本時の②で学んだことを踏まえ，「好きな言葉」について複数のペアで伝え合う。 ※活動と活動の間で必要な指導を行う。				
4 5	■先生やALTのスピーチを聞くとともに，自分の好きな言葉についてスピーチする。 ①先生やALTが行う好きな言葉についてのスピーチを聞いて要点を捉える。 ②第2，3時で学んだことを踏まえ，聞き手に伝わるよう工夫してスピーチする。聞き手は，発表者の発表内容や工夫点を口頭で伝えたりワークシートに書いたりする。 ③自己目標の達成状況等を振り返り，次の課題を明らかにする。		○	○	
後日	ペーパーテスト		○	○	○	本事例「5」参照

上記「指導と評価の計画」で示した指導に加え，テキストの種類等に応じて，以下の指導を行うことが考えられる。

> ・会話文の場合
>
> 　　誰と誰の会話なのか，どのような場面で話しているのか，どのようなテーマについて話しているのかを明確にさせる。
>
> ・講話や説明文の場合
>
> 　　話し手はどのような立場の人物か，どのような場面で話しているのか，どのようなテーマについて話しているのかを明確にさせる。

これらの指導をしても聞き取ることができない生徒に対しては，例えば以下の指導が考えられる。

> ・音に慣れさせる：　意味のまとまりでポーズを取るなどしてスクリプトを読む。
>
> ・単語を確認させる：　聞き取れなかった部分を，スクリプトで確認しながら聞かせる。その後，スクリプトなしで再度聞かせる。
>
> ・リズムを感じさせる：　音の連結や音の変化，音の強弱等が現れている部分を，スクリプトを見ながら聞かせ，確認する。編成変化している部分のみを取り出して聞かせてもよい。
>
> ・音　読　さ　せ　る：　聞けなかった箇所を意識しながら音読させる。

5　ペーパーテストの作成に当たって

（1）ペーパーテストの作成方法　※事例2参照

（2）ペーパーテスト例

　　以下は，「思考・判断・表現」を評価する問題例である。なお，「思考・判断・表現」を評価する問題には，当該学期で扱った言語材料（以下「特定の言語材料」という。）を必ず使用しなければならないわけではない。一方で，「知識・技能」の問題では特定の言語材料を必ず使用して作成するものとする。

[1]　あなたの学校では，今週の土曜日に英語のイベントに出かけます。当日に向けて担任の先生に確認しようと思っていたことを書き留めていた【メモ】を見ながら，あなたは担任の先生の指示を聞いています。聞いた後，あなたが担任の先生に確認する必要がある内容はアからエのどれですか。最も適切なものを一つ選びなさい。

※「必要な情報を聞き取ること」を評価する問題

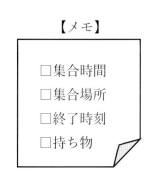

【メモ】

□集合時間
□集合場所
□終了時刻
□持ち物

　　ア　集合時間　　イ　集合場所　　ウ　終了時刻（正解）　　エ　持ち物

（スクリプト）

Please listen carefully.　I will tell you about the English Camp at Sakura Hall this Saturday.　It will start at 10 am, so please arrive there by 9:45.　Remember to bring your handbook, a pencil, and an eraser.　You will need your gym shoes, too.　You don't have to bring lunch.　You will be making curry and rice with your friends and the ALTs.　Don't bring any snacks!　Any questions?

2 あなたの学校では，地域に住む外国人を招いた交流会を開催することになりました。今日は Ms. Jones があなたの学級を訪問しています。これから，英語の先生がインタビュアになって，Ms. Jones の話を聞くところです。あなたは，Ms. Jones の話を聞き終わったあと，話の内容や，これから自分たちがすることについてまとめた右の掲示物を作成しました。右の A に書いた文として最も適切なものをアからエまでの中から1つ選びなさい。 ※「概要を捉えること」を評価する問題

ア　The bad weather.　We can do many things for the problem.　（正解）

イ　The bad weather.　We can use eco-bags.

ウ　The terrible typhoon.　We don't use cars so often.

エ　The terrible typhoons.　We should turn off the lights.

（スクリプト）

Teacher　　: Thank you for coming today, Ms. Jones.

Ms. Jones : It's my pleasure.　I want to talk to the students about global warming.

Teacher　　: Thank you.　The students have been learning about it.

Ms. Jones : It's a good time to talk about the problem with you all.　You know, the weather has been really bad lately.　This year so many big typhoons came to Japan, and the damage was terrible.　I think we can do many things to solve the problem, for example, turning off the lights when we leave a room, not using a car when we are going somewhere near our house.　Using eco-bags is also important.

Teacher　　: Thank you.　Everyone, you have learned more about global warming today.　So, let's think about what we can do to solve the problem.

3 あなたは，今，動画サイトである女性の話を視聴しています。この女性が一番伝えたいことはどんなことですか。最も適切なものを，下のアからエまでの中から1つ選びなさい。

※「要点を捉えること」を評価する問題

ア　About my fans.

イ　About my memory of my junior high school days.

ウ　About my first song.

エ　About what I can do through music.　（正解）

（スクリプト）

Hello, everyone.　I am Ashley Scott.　Thank you for sending me so many messages on my SNS.　Today, I want to tell you about my music and my life.　I decided to be a professional singer when I was a junior high school student.　Just before I graduated my school, I wrote an original song and sang it at the school music festival.　That song was full of important memories from my school days.　After singing the song, the audience gave me a big hand and a lot of smiles, and some were crying.　When I saw them, I realized that music had power.　This experience made me decide to be a singer.　I wrote my first song as a professional singer when I was 21.　I believe music can change people.　Yes, music has the power to make people happy and strong.　So, I will keep singing my songs throughout my life.　Thank you.

（参考）「知識・技能」を評価する問題例

　第2編で示したとおり，「聞くこと」の「知識・技能」は，話される文章等を聞いて，その内容を捉えることができるか否かを評価するものである。以下に，「知識・技能」を評価する問題例を示す。

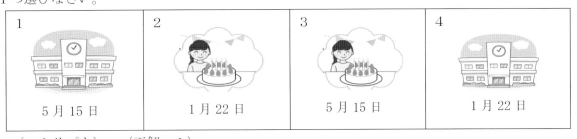

6　観点別学習状況の評価の進め方

　1学期末のペーパーテスト（期末テスト）で 1 , 2 , 3 の問題を出題した場合，正答数により，当該ペーパーテストの結果を以下のように評価することが考えられる。

	「思考・判断・表現」の評価結果
3問とも正解だった場合	a
1〜2問正解だった場合	b
3問とも不正解だった場合	c

　以上のペーパーテスト（後日行ったペーパーテスト（期末テスト））の結果に，1課から3課の評価結果（ワークシート等への記述内容）を勘案し，1学期の「聞くこと」の評価を総括した例を以下に示す。

（例1）

　例1は，本事例の「4　指導と評価の計画」に沿って指導した場合の，各課等の評価結果が以下であった生徒の例である。

　　1課：単元を通じて，要点を捉える言語活動に取り組ませた。当該言語活動で使用したワークシートの記述から，要点を捉えることについて概ね満足できる状況と判断し，「思考・判断・表現」を「b」とした。「主体的に学習に取り組む態度」については，「思考・判断・表現」と一体的に評価し「b」とした。「知識・技能」の評価機会は設けなかった。

　　2課：単元を通じて，必要な情報を捉える言語活動に取り組ませた。当該言語活動で使用したワ

ークシートの記述から，必要な情報を聞き取ることについて十分満足できる状況と判断し，「思考・判断・表現」，「主体的に学習に取り組む態度」ともに「a」とした。「知識・技能」の評価機会は設けなかった。

3課：単元を通じて，概要を捉える言語活動に取り組ませた。当該言語活動で使用したワークシートの記述から，必要な情報を聞き取ることについて十分満足できる状況と判断し，「思考・判断・表現」，「主体的に学習に取り組む態度」ともに「a」とした。「知識・技能」の評価機会は設けなかった。

1学期末のペーパーテスト（期末テスト）：

「知識・技能」と「思考・判断・表現」を評価する問題の正答率から，それぞれの評価を「a」「b」とした。「主体的に学習に取り組む態度」は「思考・判断・表現」と一体的に評価し「b」とした。

	1課の結果	2課の結果	3課の結果	1学期末のペーパーテストの結果	「聞くこと」の評価結果	他の領域の評価結果	1学期の観点別評価
知				a	a	(a~c)	(A~C)
思	b	a	a	b	b	(a~c)	(A~C)
態	b	a	a	b	b	(a~c)	(A~C)

「知識・技能」については，ペーパーテストの結果から「a」としている。「思考・判断・表現」及び「主体的に学習に取り組む態度」については，「a」と「b」のいずれの判断もあり得るが，ここでは，ペーパーテストの結果を重視し「b」と評価した例を示している。

（例2）

例2は，各課等の評価結果が以下であった生徒の例である。

1課：「聞くこと」の言語活動には取り組ませたが，記録に残す評価は行わなかった。

2課：「聞くこと」の言語活動には取り組ませ，ワークシートへの記述内容を基に記録に残す評価も行った。ただし，当該評価は，「必要な情報」「概要」「要点」を聞き取ったり捉えたりすることができたか否かの評価ではなく，話される英語を聞いてその内容を理解できたか否かの評価（つまり「知識・技能」の評価）であった。ワークシートへの記述内容から，「概ね満足できる状況」と判断し，「知識・技能」の評価結果を「b」とした。

3課：「聞くこと」の言語活動には取り組ませたが，記録に残す評価は行わなかった。

1学期末のペーパーテスト（期末テスト）：

「知識・技能」と「思考・判断・表現」を評価する問題の正答率から，それぞれの評価を「b」「c」とした。「主体的に学習に取り組む態度」は「思考・判断・表現」と一体的に評価し「c」とした。

	1課の結果	2課の結果	3課の結果	1学期末のペーパーテストの結果	「聞くこと」の評価結果	他の領域の評価結果	1学期の観点別評価
知		b		b	b	(a~c)	(A~C)
思				c	c	(a~c)	(A~C)
態				c	c	(a~c)	(A~C)

「知識・技能」については，2課の結果及びペーパーテストの結果から「b」としている。

「思考・判断・表現」及び「主体的に学習に取り組む態度」については，ペーパーテストの結果から「c」としている。

単元名	内容のまとまり
外国の人に自分たちの学校を紹介しよう（人称及び現在進行形）（第1学年　3学期）	主に「書くこと」ア

1　「知識・技能」の評価に関する考え方

　「知識・技能」について，「聞くこと」，「読むこと」は，①「知識・技能」を問う問題や発問等に正答できるかという基準で評価し（事例2，3参照），「話すこと［やり取り］」，「話すこと［発表］」，「書くこと」は，②発話や筆記において英語使用が正確かという基準で評価する（事例1参照）。

　②の主な評価場面である単元終末の言語活動や学期末等のパフォーマンステストでは，当該単元等で指導した言語材料（以下「特定の言語材料」という。）が必然的に使用されるよう，コミュニケーションを行う目的や場面，状況などを工夫することが重要である。当該工夫により，特定の言語材料の使用を促し，当該言語材料を含め既習表現の使用の正確さを評価する。しかし，そのように工夫しても特定の言語材料を使用させることが難しい場合も考えられる。そこで，本事例では，特定の言語材料を実際のコミュニケーションの場面において正確に使用できるか否か（主に「技能」の側面）の評価方法を，「書くこと」を例に示す。また，英語使用が正確であれば言語材料の知識も有していると判断することが可能であることから，「英語使用の正確さ」を評価することにより，「使うことができる」といった「技能」の側面だけではなく，「理解している」といった「知識」の側面についても一体的に評価することができると考える。一方で，「知識」だけに焦点を当てて評価することも可能なことから，本事例においては，「知識」に焦点を当て，それを活用できる程度に理解しているかについて評価する方法も併せて示す。なお，本事例が取り上げている領域は「書くこと」であるが，「5」で示している「主に「知識」を評価する問題」は，「書くこと」に限定した「知識」ではない。

2　「書くこと」における第1学年の目標

　自分や身の周りの人物，身近な物事について，事実や自分の考え，気持ちなどを整理し，簡単な語句や文を用いて紹介する文章を書くことができる。

　※「書くこと」の目標「ア」「イ」「ウ」ごとに目標を設定することも考えられる。

3　目標及び評価規準

（1）目標

　学校ホームページのアクセス数を増やすために，他の学校を紹介するメールを読んだり，学校行事や部活動等について事実や自分の考えを整理し，簡単な語句や文を用いてまとまりのある文章を書いたりすることができる。

（2）評価規準（「書くこと」の評価規準）

知識・技能	思考・判断・表現	主体的に学習に取り組む態度
・人称及び現在進行形の特徴やきまりを理解している。 ・学校行事や部活動等について，現在形，現在進行形などの簡単な語句や文を用いて書く技能を身に付けている。	学校ホームページのアクセス数を増やすために，学校行事や部活動等について，事実や自分の考えを整理し，簡単な語句や文を用いてまとまりのある文章を書いている。	学校ホームページのアクセス数を増やすために，学校行事や部活動等について，事実や自分の考えを整理し，簡単な語句や文を用いてまとまりのある文章を書こうとしている。

　※実際の評価に当たっては，他の領域（「読むこと」など）の評価規準を設定することも考えられる。

本評価規準の「知識・技能」は，単元終末の言語活動（「4　指導と評価の計画」の第7時）で評価するが，本事例では当該終末の評価とは別に，本単元の特定の言語材料（人称及び現在進行形）に焦点を当て，当該言語材料を活用できる程度に理解しているか，実際のコミュニケーションの場面で正確に使用できるかについて評価する方法を示す。

4　指導と評価の計画

時間	ねらい（■），主な言語活動等（丸数字）	知	思	態	備考
1	■単元の目標を理解するとともに，写真の人物（学校の先生や教科書の登場人物など）について状況を説明する。 ①写真の人物が何をしているかについてペアで伝え合う。その後，現在進行形の特徴やきまりを簡単に確認する。 ②自己目標を設定する。				第2時から第6時の学習の振り返りは適宜行わせる（自己目標の設定や振り返りのさせ方などについては事例5参照）
2	■外国の学校の授業の様子の写真について状況を説明する。 ①教科書の内容理解を通して現在進行形（肯定文）の使い方を確認する。 ②外国の学校の授業の写真についてペアで伝え合う。				
3	■ALT等の学校の授業の様子の写真について伝え合う。 ①教科書の内容理解を通して現在進行形（疑問文）の使い方を知る。 ②ALT等の学校の授業の様子がわかる写真について，ペアで尋ねたり，伝え合ったりする。				記録に残す評価は行わない。ただし，ねらいに即して生徒の活動の状況を確実に見届けて指導に生かすことは毎時間必ず行う。活動の状況を確認させているだけにならないよう十分留意する。
4	■学校行事の写真を用いて，事実や自分の考えを整理しながら伝え合う。 ①学校行事の写真を用いて，事実などを整理しながらペアで伝え合う。 ②話した内容を踏まえて，学校行事を説明する文章を書く。				
5	■部活動の写真を用いて，事実や自分の考えを整理しながら伝え合う。 ①部活動の写真を用いて，事実などを整理しながらペアで伝え合う。 ②話した内容を踏まえて，部活動を説明する文章を書く。				
6	■姉妹校の友達から送られてきた学校生活を紹介するメールを読み，返信を書く。 ①教科書本文を通して人称と現在形及び現在進行形の使い方を知る。 ②日本の学校生活の場面を取り上げて，外国の友達へ返信メールを書く。				
7	■学校ホームページに掲載するために，学校行事や部活動等について，事実や自分の考えを整理し簡単な語句や文を用いてまとまりのある文章を書く。 ①学校行事や部活動等について，まとまりのある文章を書く。 ②自己目標の達成状況を振り返り，次の課題を明確にする。	○	○	○	「注」参照
後日	ペーパーテストやワークシート	○			本事例「5」参照

注：活動の観察及びワークシートへの記述内容により評価する。

第3編
事例4

5　ペーパーテストやワークシートの作成に当たって

「4　指導と評価の計画」で示した後日行うペーパーテストやワークシートで出題する問題について，問題例や作成方法等を以下に示す。

（1）ペーパーテストやワークシートの問題例

問　題	出題の種類，ねらい（・）
問題例①	主に「知識」を評価する問題 ・文脈に応じて特定の言語材料を正しく選択できるかを評価する。
問題例②	主に「知識」を評価する問題 ・文脈に応じて特定の言語材料の文に正しく書き換えることができるかを評価する。
問題例③	主に「技能」を評価する問題 ・文脈に応じて，主に特定の言語材料を正しく使って文（の一部）を書くことができるかを評価する。
問題例④	主に「技能」を評価する問題 ・特定の言語材料の使用を促した上で，場面に応じて，当該言語材料を正しく使って文（短文）を書くことができるかを評価する。
問題例⑤	主に「技能」を評価する問題 ・特定の言語材料の使用を促した上で，条件に沿って当該言語材料を含む既習の表現を使って複数の文を正しく書くことができるかを評価する問題

■問題例①（主に「知識」を評価する問題）

次の会話文を読んで，空欄に入る最も適切なものを選択肢の中から1つ選びなさい。

A: Where is Mike?

B: Over there.　He (　　　) badminton with Yuki.

A: I see. Thank you.

ア plays　イ is playing　ウ played

（ア）採点の基準

現在進行形を用いた文に関する英語の特徴やきまりを理解しているもの。 （正答）イ　is playing	○
現在進行形を用いた文に関する英語の特徴やきまりを理解していないもの。 （誤答）ア　plays　　ウ　played　　無回答	×

（イ）本問題の特徴（各学校が問題を作成する際に留意すること）

・文脈を伴う問題である。

　　問うている箇所（He (　　) badminton with Yuki.）だけに着目しても正解を導き出すことはできず，文脈から正解を判断できるか否かを問うている。

・関連した文法事項との使い分けをさせる問題である。

　　「評価の対象としている文法事項（現在進行形）」と「当該文法事項と関連のある文法事項（現在形）」の使い分けができると判断できるか否かを問うている。

■問題例②（主に「知識」を評価する問題）

> 　以下は電話でのやりとりです。AとBのどちらかの発話に誤りが1カ所誤ります。その誤りが
> ある文を正しい文に書き換えなさい。
>
> 　　　A: Hello.　Are you busy now?
>
> 　　　B: Not really.　I watch TV.

（ア）採点の基準

現在進行形を用いた文に関する英語の特徴やきまりを理解しているもの。 （正答）I'm watching TV	○
現在進行形を用いた文に関する英語の特徴やきまりを理解していないもの。 （誤答例）I watching TV.　I watch TV now.	×

（イ）本問題の特徴（各学校が問題を作成する際に留意すること）

- 文脈を伴う問題である。

　　問うている箇所（I watch TV.）だけに着目しても正解を導き出すことはできず，文脈から正解を判断できるか否かを問うている。

- 関連した文法事項との使い分けをさせる問題である。

　　「評価の対象としている文法事項（現在進行形）」と「当該文法事項と関連のある文法事項（現在形）」の使い分けができるか否かを問うている。

■問題例③（主に「技能」を評価する問題）

> 　以下は，AとBのSNS上でのやり取りです。対話の流れに合うように，（　）内の語を適切な
> 形に変えたり，不足している語を補ったりして，会話が成り立つように英語を完成させなさい。
>
> 　　　A: Where are you now?
>
> 　　　B: I am at ABC park with Ken.
>
> 　　　A: What are you and Ken doing?
>
> 　　　B: (play) basketball now.　Come and join us!

（ア）採点の基準

人称や現在進行形の特徴やきまりを理解して正確に書いているもの。または，大文字・小文字の書き分けや綴り等に誤りがあるがコミュニケーションに支障がないもの。 （正答例）　We are playing / we are pleying	○
人称や現在進行形の特徴やきまりを理解せず正確に書いていないもの。 （誤答例）　I am playing　Ken and I/I and Ken are playing　Ken and I/I and Ken am playing	×

※本問題に2点以上の配点を付与し，"I am playing"と"Ken and I are playing"に部分点を与えることも考えられる。

（イ）本問題の特徴（各学校が問題を作成する際に留意すること）

- 実際のコミュニケーションの場面を設定しつつ，特定の言語材料の使用（文の生成）を求める問題である。

　　実際のコミュニケーションの場面をつくるとともに，対話文の文脈から現在進行形を使用する必然性をもたせている。

■問題例④（主に「技能」を評価する問題）

あなたは，新聞記者です。店内にいるケン（Ken）が何をしているかについて説明する文を一文書きなさい。

（ア）採点の基準

現在進行形を用いた文に関する英語の特徴やきまりを理解し，文（単文）を正確に書いているもの。または，大文字・小文字の書き分けや綴り等に誤りがあるがコミュニケーションに支障がないもの。※現在進行形の構造を理解しているかを評価の対象とする。 （正答例）Ken is drinking water. / Ken is sitting between two girls. / ken is drinking wotar.	○
現在進行形を用いた文に関する英語の特徴やきまりを理解していないもの。 （誤答例）Ken is drink water. / Ken drinking water.	×

※2点以上の配点を付与することも考えられる。

（イ）本問題の特徴（各学校が問題を作成する際に留意すること）

・実際のコミュニケーションの場面を設定しつつ，特定の言語材料の使用（文の生成）を求める問題である。

実際のコミュニケーションの場面をつくるとともに，問題文で「何をしているかについて説明する文を書きなさい」と指示することにより，現在進行形を使用する必然性をもたせている。ただし，「現在進行形を用いて書きなさい」と指示したり，Ken is sitting. などを例文として示したりするなど，現在進行形の使用を明示的に指示することは避けている。

第3編
事例4

■問題例⑤（主に「技能」を評価する問題）

あなたは，来月訪れる予定の留学生のために自分が所属しているサッカー部を紹介する記事を書くことになりました。次の情報カードのすべての内容と写真を用いて，記事に掲載する原稿を書きなさい。

【情報カード】

佐藤くん

部活動	サッカー部がある
活動状況	毎日練習している
キャプテン	佐藤くん
写真の説明	彼（＝佐藤くん）はボールをシュートしている
チームの状況	強い

（ア）採点の基準

与えられた情報に基づいて，人称及び現在進行形の特徴やきまりを理解し，文を正確に書いているもの。または，大文字・小文字の書き分けや綴り等に誤りがあるがコミュニケーションに支障がないもの （正答例）　We have a soccer club in my school. / We have soccer club. 　We practice soccer every day. / We practice soccar every day.	○

This is our captain, Mr Sato. / This is Mr Sato. He is a captain. He is shooting a ball now. / He is shoting a ball. Our team is strong. / We are storong.	
人称及び現在進行形の特徴やきまりを理解せず正確に書いていないもの。 （誤答例）　I have a soccer club. I am practicing soccer every day. Captain is Mr. Sato. He shoots a ball. Team is strong.	×

※情報カードにあるそれぞれの情報の英文ごとに採点することも考えられる。

（イ）本問題の特徴（各学校が問題を作成する際に留意すること）

・実際のコミュニケーションの場面を設定しつつ，特定の言語材料の使用（文の生成）を求める問題である。

（2）ペーパーテストやワークシートの問題の作成方法

テスト問題を作成する際，以下の項目を確認しながら進めることが大切である。

□　評価する言語材料を何にするかを決める。

□　出題のねらい（主として評価するのは，「知識」か「技能」か）を決める。

□　文脈や使用場面がある問題を作成する。

　※以下に，文脈や使用場面がない問題例を示す。

□　解答する際に使用する言語材料を明示していないかどうかを確認する。

□　出題方法（多肢選択式，記述式等）を決める

□　評価する対象の言語材料以外の言語材料における誤りで減点したり誤答としたりといった採点基準になっていないかを確認する。

□　「知識・技能」の問題の配点が高くなりすぎていないかを確認する。

（参考）文脈や使用場面がない問題例

例1：以下の文から1カ所誤りを探して，現在進行形の文に訂正しなさい。

　　　　I'm just watch TV.

例2：以下の単語を並べ替えて正しい文を作りなさい。文頭に来る単語も小文字になっています。

（ア playing　イ are　ウ now　エ we　オ basketball ）

6　観点別学習状況の評価の進め方

3学期末のペーパーテスト（期末テスト）で問題例①～問題例④のうち2問を出題した場合，正答数により，当該ペーパーテストの結果を以下のように評価することが考えられる。

	「知識・技能」の評価結果
2問とも正解だった場合	a
1問正解だった場合	b
2問とも不正解だった場合	c

以上のペーパーテスト（後日行ったペーパーテスト（期末テスト））の結果に，8課の評価結果（ワークシート等への記述内容）を勘案し，3学期の「書くこと」の評価を総括した例を以下に示す。

第3編
事例4

Student A

	8課の結果	9課の結果	期末テスト		「書くこと」の評価結果	他の領域の評価結果	3学期の観点別評価
			「知識・技能」を評価する問題の結果	「書くこと」の問題（パフォーマンステスト）の結果			
知	a		b	b	b	(a~c)	(A~C)
思	(a~c)			(a~c)	(a~c)	(a~c)	(A~C)
態	(a~c)			(a~c)	(a~c)	(a~c)	(A~C)

※8課は「書くこと」に重点を置き，9課は「書くこと」以外の領域に重点を置いて指導したとする。以下のStudent Bも同じ。

8課の終末に行った「書くこと」の言語活動において，Student Aは，人称と現在進行形を含めて正確な筆記であったため「a」とした。3学期の期末テストでは，「知識・技能」を評価する問題を2問出題し，1問が〇，1問が×であったため，「b」とした。同期末テストの「書くこと」の問題（パフォーマンステスト）では，概ね満足できる筆記の正確さであったため「b」とした。

以上の結果（a，b，b）から，3学期の最終段階である期末テストの結果を重視し，当該学期の「書くこと」の評価結果を「b」とした。「他の領域の評価結果」を得る方法等については，「話すこと［やり取り］」は事例1，「読むこと」は事例2，「聞くこと」は事例3をそれぞれ参照すること。なお，8課及び期末テストの「書くこと」の問題（パフォーマンステスト）における「思考・判断・表現」及び「主体的に学習に取り組む態度」については，以下のように評価情報を得ることができる。

「思考・判断・表現」

　コミュニケーションにおける目的や場面，状況などに応じて適切な筆記の内容となっているか否かにより，a~cで評価する。

「主体的に学習に取り組む態度」

　言語活動への取組の観察結果を加味しつつ，「思考・判断・表現」と一体的に評価する。

第3編
事例4

Student B

	8課の結果	9課の結果	期末テスト		「書くこと」の評価結果	他の領域の評価結果	3学期の観点別評価
			「知識・技能」を評価する問題の結果	「書くこと」の問題（パフォーマンステスト）の結果			
知	a		a	b	a	(a~c)	(A~C)
思	(a~c)			(a~c)	(a~c)	(a~c)	(A~C)
態	(a~c)			(a~c)	(a~c)	(a~c)	(A~C)

8課の終末に行った「書くこと」の言語活動において，Student Bは，人称及び現在進行形を含めて正確な筆記であったため「a」とした。3学期の期末テストでは，「知識・技能」を評価する問題を2問出題し，2問とも〇であったため「a」とした。同期末テストの「書くこと」の問題（パフォーマンステスト）では，概ね満足できる筆記の正確さであったため「b」とした。

以上の結果（a，a，b）から，「a」と「b」の数の比率を考え「a」とした。なお，期末テストにおける「書くこと」の問題（パフォーマンステスト）の結果を重視して「b」とすることも考えられる。

7　指導について

　知識及び技能は，実際のコミュニケーションにおいて活用され，思考，判断，表現することを繰り返すことを通じて獲得される。この考え方に基づき，言語材料を指導する際は，以下の方法を大切にすることが求められる。

（1）理解させる段階

・指導したい言語材料が使用される自然な場面を設定し，その中で当該言語材料を含めて話されたり書かれたりしている内容を捉えさせることを通じて，当該言語材料の意味や使い方の気付きを促すようにする。このことにより，「特徴やきまり」と「日本語訳」の理解（例：現在完了形は，have＋過去分詞で，「～したことがある」と訳すのだという理解）に留まらないようにする。

・意味や使い方への気付きをより促すために，当該言語材料が使用されている文章を少しでも多く聞いたり読んだりできるようにする。そのために，指導したい言語材料を多く使って教師が話したり，当該言語材料を使って生徒と豊富にやり取りしたりする。

（2）使用させる段階

・使用する言語材料の提示がない中で自分の考えや気持ちなどを話したり書いたりさせることを通じて，「このことを表現したいときはこの言語材料を使用すればよい」ことに改めて気付かせるなどして，使いながら当該言語材料に関する理解を深めることができるようにする。

・指導した言語材料を正しく使用することができるようになるためにはある程度時間が必要であることに留意し，当該言語材料を指導した単元に留まらず，例えば「帯活動」において繰り返し活用させたり，文法のまとめが掲載されている教科書のページを扱うときに改めて指導したり，単元終末の言語活動で当該単元以前に指導した言語材料も併せて使用させたりするなど，次単元以降も繰り返し活用させる。

以上（1）及び（2）の内容を時系列でまとめると以下のようになる。

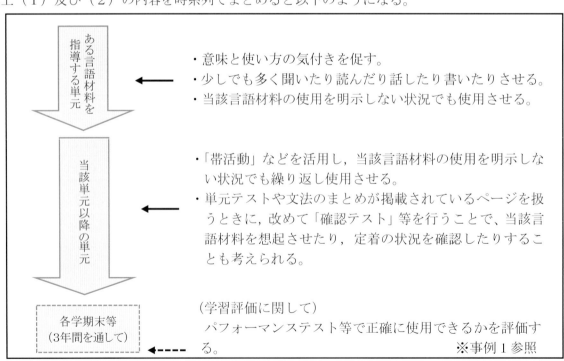

単元名	内容のまとまり
全単元に共通	全領域に共通

1　「主体的に学習に取り組む態度」の評価に関する基本的な考え方

　第２編の【「内容のまとまり（五つの領域）ごとの評価規準」を作成する際の観点ごとの留意点】において，「主体的に学習に取り組む態度」の留意点として以下の４点を示した。

> ①「主体的に学習に取り組む態度」は，外国語の背景にある文化に対する理解を深め，聞き手，読み手，話し手，書き手に配慮しながら，主体的に外国語を用いてコミュニケーションを図ろうとしている状況を評価する。
> ②具体的には，「話すこと［やり取り］」，「話すこと［発表］」，「書くこと」は，日常的な話題や社会的な話題などについて，目的や場面，状況などなどに応じて，事実や自分の考え，気持ちなどを，簡単な語句や文を用いて，話したり書いたりして表現したり伝えあったりしようとしている状況を評価する。
> ③「聞くこと」，「読むこと」は，コミュニケーションを行う目的や場面，状況などに応じて，日常的な話題や社会的な話題などについて話されたり書かれたりする文章を聞いたり読んだりして，必要な情報や概要，要点を捉えようとしている状況を評価する。
> ④上記の側面と併せて，言語活動への取組に関して見通しを立てたり振り返ったりして自らの学習を自覚的に捉えている状況についても，特定の領域・単元だけではなく，年間を通じて評価する。

(番号は筆者)

　①〜③について，学年の評価規準は，外国語の目標に即して設定している一方で，単元の評価規準では，授業中の言語活動やパフォーマンステスト等で実際に見取ることができる規準となるよう，「思考・判断・表現」と対の形にしている。なお，「思考・判断・表現」の評価規準には，コミュニケーションを行う目的や場面，状況などを必ず含むものとしている。目的や場面，状況などに応じたコミュニケーションを図ろうとするためには，「外国語の背景にある文化に対する理解」や，「聞き手，読み手，話し手，書き手への配慮」が必要である。このことも，「主体的に学習に取り組む態度」の評価規準を，「思考・判断・表現」の評価規準と対の形とし，基本的には一体的に評価することができるとした理由である。ただし，生徒の特性や学習段階により，主体的に学習に取り組む態度が必ずしもコミュニケーションを行う目的や場面，状況などに応じた発話や筆記等に表れない場合もあるため，そのような段階にある生徒の「主体的に学習に取り組む態度」の評価結果は，「思考・判断・表現」の評価結果と一致しない場合もある（事例１参照）。「思考・判断・表現」と基本的には一体的に評価しつつ，言語活動への取組状況を観察しその結果を加味するということであり，生徒の態度を見取ることはこれまで同様重要である。また，「主体的に学習に取り組む態度」は時間をかけて育まれるものであるため，評価時期の設定には留意が必要である（評価時期については後述）。

　④について，自己の学習を調整しようとする側面（以下「自己調整」という。）をどのように把握するか，把握した結果を「主体的に学習に取り組む態度」の評価を総括する際にどのように勘案するか，「自己調整」をできるようにするためにどのような指導が必要かについても本事例で述べる。

2　評価時期の考え方

　「学びに向う力，人間性等」は，「知識及び技能」や「思考力，判断力，表現力等」と同様，時間をかけて育まれるものである。したがって，「主体的に学習に取り組む態度」を評価する時期は，単元終末や学期末等で行うパフォーマンステスト等が基本となる。したがって，単元の1時間目に当該単元終末の言語活動をイメージさせるなどにより単元の学習に対する意欲化を図るといった指導を行い，当該指導により意欲が高まったからといって，「主体的に学習に取り組む態度」が育まれたと評価することは適切ではない。「主体的に学習に取り組む態度」は，言語活動に取り組む中で，「知識及び技能」並びに「思考力，判断力，表現力等」の資質・能力を一体的に育成する過程を通して育成されることに鑑み，一定の学習を経たのち（単元終末や学期末等）に評価するものであることに十分留意することが必要である。

3　観点別学習状況の評価の進め方

　前述のとおり，「主体的に学習に取り組む態度」の評価は，基本的には「思考・判断・表現」と一体的に評価する。例えば，第1学年の1学期（3学期制の場合）に次の指示文を示してパフォーマンステストを行った場合，以下のように評価することが考えられる。

【指示文】

英語の授業で，初めて会うALTの先生に，自分のことをよく分かってもらえるよう，何を伝えたらよいかを考えて自己紹介してください。また，ALTの先生からの質問にできる限り詳しく答えてください。

Student A：

　　発話された英語は誤りが多かった（「知識・技能」＝「c」）。発話内容については，興味や関心のある事柄についてやり取りすることができておらず（「思考・判断・表現」＝「c」），やり取りしようとする態度もみられなかった（「主体的に学習に取り組む態度」＝「c」）。

知識・技能	c
思考・判断・表現	c
主体的に学習に取り組む態度	c

　この生徒の，1学期で学習した単元（1課，2課，3課）の観察結果が以下であった場合，1学期末の観点別評価は次のように総括することも考えられる。

	1課の結果	2課の結果	3課の結果	パフォーマンステストの結果	話すこと［やり取り］の評価結果	他の領域の評価結果	1学期の観点別評価
知	c	b	b	c	c	(a~c)	(A~C)
思	c	b	b	c	c	(a~c)	(A~C)
態	c	b	b	c	b	(a~c)	(A~C)

　「知識・技能」及び「思考・判断・表現」については，1課，2課，3課，パフォーマンステストの計4回の評価場面の結果，「b」と「c」が同数であったが，1学期の最終段階であるパフォーマンステストの結果を重視し，どちらも「c」としている。「主体的に学習に取り組む態度」については，前述のとおり「思考・判断・表現」と基本的には一体的に評価するという考え方により「c」と

することが考えられる。しかし，この例では，「c」ではなく「b」としている。それは以下の理由からである。

【主体的に学習に取り組む態度を「c」ではなく「b」とした理由】

①以下の振り返りの記述内容から，自己調整を図ることができていると判断した。

（何を意識すれば言語活動に取り組むことができるようになるかを理解している記述例）

> 自己紹介ができるようになってきました。でも，今日のパフォーマンステストでは，ALTの○○先生の質問に答えられませんでした。聞かれていることが分からなかったときは質問すればよかったけれど，緊張して質問できませんでした。今度は，ちゃんと聞かれたことの意味を確認したいです。

②振り返りに記述されていること（質問されたことの意味を確認するなど）が，１課から３課の言語活動において，実際に態度となって表れていた。

　このように，学期末等の総括の段階で，「b」と「c」のどちらもあり得る場合に限り，振り返りで記述している内容が，授業における言語活動への取組の様子にいくらかでも実際に表れていれば，「c」ではなく「b」と総括することも考えられる。なお，実際に態度に表出されていることが重要であることに鑑み，言語活動に粘り強く取り組むことができている（「a」または「b」）場合は，振り返りの記述内容によって評価を変えることはしない。

4　「自己調整」を図ることができるようにするための指導

（１）単元等における指導例（複数単元をまとめて一つの単元として指導する場合を含む）

■学習の開始時点：以下の視点から振り返りをさせる。

［表１］

視点	問いかけの具体例
目標設定	これからの学習で，さらにできるようになりたいことは何ですか。 例）読んだことについて自分の考えを詳しく話せるようになりたい。
目標達成のための工夫	自己目標を達成するために，何に努力したり意識したりすればよいですか。 例）仲間が使った表現を真似する。

「目標設定」では，単元における目標を設定させる。したがって，当該単元の終末に取り組む言語活動をある程度イメージさせることは有効な手立ての一つになり得る。

■学習の途中段階：以下の指導を行う。

・振り返りをペア等で読み合わせ，「目標設定のための工夫」について学び合わせる。

・以下のような記述内容を紹介し考え方を広め，「がんばって話す」や「ちゃんと質問する」などの漠然とした目標しかもてない生徒の変容を促す。

（例）いつも同じ表現になってしまうので，友達が使っている表現を聞いて真似する。

相手が話したことについて質問するときは，Why?以外の質問をするようにする。

・生徒同士が，言語活動で自己目標についてアドバイスし合う機会をもつ。

単元

■学習の終了及び学期末：［表１］の視点の他，以下の視点からの振り返りをさせる。

視点	問いかけの具体例
変容の自覚	これまでの学習でできるようになってきたことは何ですか。
変容の理由	なぜできるようになったと思いますか。

※上表及び［表１］で示した視点を，生徒の実態等に応じて選択したり組み合わせたりして活用する。

学期末

(参考) 振り返りの書かせ方

　振り返りを書かせる際は，最初から自由記述にするのではなく，例えば次のような様式で実施することも考えられる。□で振り返りの視点を設定して☑を入れさせることには，教師が見届けやすくなったり，同じ視点に☑を入れた生徒同士で交流したりする機会を設けやすくなったりするなどの利点が考えられる。

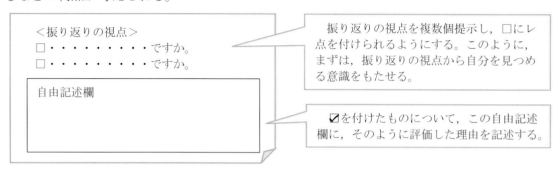

※振り返りが困難な生徒に対しては，以下の個別の指導が考えられる。

　・何を書いてよいのか分からない生徒には，授業中や授業後に対話をしながら，できていることを伝えたり，生徒に質問したりして，より具体的に振り返りの視点をもたせたりする。

　・どのように書いてよいのか分からない生徒には，何ができた/できなかったのか，その理由は何だと思うかなど，振り返りで書く文章の構成について助言を行う。

（2）領域ごとの指導例

　「4 （1）」において，振り返りのさせ方について示した。生徒に振り返りをさせる際，教師は，あらかじめ自己調整を図っている生徒の姿をイメージした上で（どのような自己調整をさせたいかのイメージをもった上で）振り返りをさせる必要がある。そこで，以下に，自己調整を図っていると考えられる生徒の姿の例を領域ごとに示す。

聞くこと	・聞き取れなかった単語を聞こえてきたとおりに自分で発音している。 ・相手が何を伝えようとしているかを，話し手を意識して予想しながら聞いている。 ・分からない時には聞き返している。
読むこと	・途中で止まらず最後まで読み進めている。 ・音読することで文字を音声化している。 　※音声化することで，意味を推察することができる場合があるため。 ・書き手を意識しながら分かった語句から推測して読もうとしている。
話すこと ［やり取り］	・自分が理解したことを確認している。 ・自分が話したことが伝わったかを確認している。 ・聞き手を意識して，表現を変えるなど言い直しながら伝え合っている。
話すこと ［発表］	・聞き手を意識して，話す内容や話し方を工夫している。 ・発表後には，友達に感想を聞いている。 ・自分の発表をタブレットなどで録画し，改善点を見付けている。
書くこと	・読み手を意識するために，書いたら，友達に読んでもらい，分かりにくい点がないかを確認している。 ・最後まで書き，その後で，教科書や辞書を使いながら，書き直すようにしている。 ・書き始める前に，書きたい内容をまとまりごとに分けてメモに書き出している。

巻末資料

評価規準，評価方法等の工夫改善に関する調査研究について

平成 31 年 2 月 4 日　国立教育政策研究所長裁定

平成 31 年 4 月 12 日　一　　部　　改　　正

1　趣　　旨

　　学習評価については，中央教育審議会初等中等教育分科会教育課程部会において「児童生徒の学習評価の在り方について」（平成 31 年 1 月 21 日）の報告がまとめられ，新しい学習指導要領に対応した，各教科等の評価の観点及び評価の観点に関する考え方が示されたところである。

　　これを踏まえ，各小学校，中学校及び高等学校における児童生徒の学習の効果的，効率的な評価に資するため，教科等ごとに，評価規準，評価方法等の工夫改善に関する調査研究を行う。

2　調査研究事項

（1）評価規準及び当該規準を用いた評価方法に関する参考資料の作成

（2）学校における学習評価に関する取組についての情報収集

（3）上記（1）及び（2）に関連する事項

3　実施方法

　　調査研究に当たっては，教科等ごとに教育委員会関係者，教師及び学識経験者等を協力者として委嘱し，2 の事項について調査研究を行う。

4　庶　　務

　　この調査研究にかかる庶務は，教育課程研究センターにおいて処理する。

5　実施期間

　　平成 31 年 4 月 19 日〜令和 2 年 3 月 31 日

巻末
資料

評価規準，評価方法等の工夫改善に関する調査研究協力者（五十音順）

（職名は平成 31 年 4 月現在）

伊芸　美紀　　　　高知県教育委員会小中学校課チーフ

今井　裕之　　　　関西大学教授

太田　　洋　　　　東京家政大学教授

角家理恵子　　　　長崎県長崎市教育委員会主任指導主事

河合　光治　　　　相模原市教育委員会指導主事

駒澤　正人　　　　東京都千代田区立麹町中学校主幹教諭

酒井　英樹　　　　信州大学教授

水野　幸弘　　　　岐阜県教育委員会指導主事

国立教育政策研究所においては，次の関係官が担当した。

山田　誠志　　　　国立教育政策研究所教育課程研究センター研究開発部教育課程調査官

この他，本書編集の全般にわたり，国立教育政策研究所において以下の者が担当した。

笹井　弘之　　　　国立教育政策研究所教育課程研究センター長

清水　正樹　　　　国立教育政策研究所教育課程研究センター研究開発部副部長

髙井　　修　　　　国立教育政策研究所教育課程研究センター研究開発部研究開発課長

高橋　友之　　　　国立教育政策研究所教育課程研究センター研究開発部研究開発課指導係長

奥田　正幸　　　　国立教育政策研究所教育課程研究センター研究開発部研究開発課指導係専門職

森　　孝博　　　　国立教育政策研究所教育課程研究センター研究開発部教育課程調査官

学習指導要領等関係資料について

　学習指導要領等の関係資料は以下のとおりです。いずれも，文部科学省や国立教育政策研究所のウェブサイトから閲覧が可能です。スマートフォンなどで閲覧する際は，以下の二次元コードを読み取って，資料に直接アクセスする事が可能です。本書と合わせて是非ご覧ください。

① 学習指導要領、学習指導要領解説　等
② 中央教育審議会答申「幼稚園、小学校、中学校、高等学校及び特別支援学校の学習指導要領等の改善及び必要な方策等について」（平成28年12月21日）
③ 中央教育審議会初等中等教育分科会教育課程部会報告「児童生徒の学習評価の在り方について」（平成31年1月21日）
④ 小学校, 中学校, 高等学校及び特別支援学校等における児童生徒の学習評価及び指導要録の改善等について（平成31年3月29日30文科初第1845号初等中等教育局長通知）
　　　　　　　　　　　※各教科等の評価の観点等及びその趣旨や指導要録（参考様式）は，同通知に掲載。
⑤ 学習評価の在り方ハンドブック(小・中学校編)（令和元年6月）
⑥ 学習評価の在り方ハンドブック(高等学校編)（令和元年6月）
⑦ 平成29年改訂の小・中学校学習指導要領に関するQ&A
⑧ 平成30年改訂の高等学校学習指導要領に関するQ&A
⑨ 平成29・30年改訂の学習指導要領下における学習評価に関するQ&A

① ② ③ ④ ⑤ ⑥ ⑦ ⑧ ⑨

巻末
資料

学習評価の在り方ハンドブック

小・中学校編

文部科学省　国立教育政策研究所教育課程研究センター

学習指導要領

学習指導要領とは, 国が定めた「教育課程の基準」です。

（学校教育法施行規則第52条, 74条,84条及び129条等より）

■学習指導要領の構成
〈小学校の例〉

前文
第1章　総則
第2章　各教科
　　　　第1節　　国語
　　　　第2節　　社会
　　　　第3節　　算数
　　　　第4節　　理科
　　　　第5節　　生活
　　　　第6節　　音楽
　　　　第7節　　図画工作
　　　　第8節　　家庭
　　　　第9節　　体育
　　　　第10節　　外国語
第3章　特別の教科 道徳
第4章　外国語活動
第5章　総合的な学習の時間
第6章　特別活動

総則は, 以下の項目で整理され,
全ての教科等に共通する事項が記載されています。

- 第1　小学校教育の基本と教育課程の役割
- 第2　教育課程の編成
- 第3　教育課程の実施と学習評価
- 第4　児童の発達の支援
- 第5　学校運営上の留意事項
- 第6　道徳教育に関する配慮事項

学習評価の
実施に当たっての
配慮事項

各教科等の目標, 内容等が記載されています。
（例）第1節　国語

- 第1　目標
- 第2　各学年の目標及び内容
- 第3　指導計画の作成と内容の取扱い

　平成29年改訂学習指導要領の各教科等の目標や内容は,
教育課程全体を通して育成を目指す資質・能力の三つの柱に
基づいて再整理されています。

ア　何を理解しているか, 何ができるか
　　（生きて働く「知識・技能」の習得）
イ　理解していること・できることをどう使うか（未知の状況にも
　　対応できる「思考力・判断力・表現力等」の育成）
ウ　どのように社会・世界と関わり, よりよい人生を送るか
　　（学びを人生や社会に生かそうとする「学びに向かう力・
　　人間性等」の涵養）

平成29年改訂「小学校学習指導要領」より
※中学校もおおむね同様の構成です。

詳しくは, 文部科学省Webページ「学習指導要領のくわしい内容」をご覧ください。
(http://www.mext.go.jp/a_menu/shotou/new-cs/1383986.htm)

学習指導要領解説

　学習指導要領解説とは,大綱的な基準である学習指導要領の記述の意味や解釈などの詳細について説明するために,文部科学省が作成したものです。

■学習指導要領解説の構成
〈小学校 国語編の例〉

●第1章　総説
　　　　　1　改訂の経緯及び基本方針
　　　　　2　国語科の改訂の趣旨及び要点

> 総説
> 改訂の経緯及び
> 基本方針

●第2章　国語科の目標及び内容
　　第1節　国語科の目標
　　　　　1　教科の目標
　　　　　2　学年の目標
　　第2節　国語科の内容
　　　　　1　内容の構成
　　　　　2　〔知識及び技能〕の内容
　　　　　3　〔思考力,判断力,表現力等〕の内容

●第3章　各学年の内容
　　第1節　第1学年及び第2学年の内容
　　　　　1　〔知識及び技能〕
　　　　　2　〔思考力,判断力,表現力等〕
　　第2節　第3学年及び第4学年の内容
　　　　　1　〔知識及び技能〕
　　　　　2　〔思考力,判断力,表現力等〕
　　第3節　第5学年及び第6学年の内容
　　　　　1　〔知識及び技能〕
　　　　　2　〔思考力,判断力,表現力等〕

●第4章　指導計画の作成と内容の取扱い
　　　　　1　指導計画作成上の配慮事項
　　　　　2　内容の取扱いについての配慮事項
　　　　　3　教材についての配慮事項

> 指導計画作成や
> 内容の取扱いに係る配慮事項

●付録
　　付録1：学校教育施行規則(抄)
　　付録2：小学校学習指導要領　第1章　総則
　　付録3：小学校学習指導要領　第2章　第1節　国語
　　付録4：教科の目標,各学年の目標及び内容の系統表
　　　　　　(小・中学校国語科)
　　付録5：中学校学習指導要領　第2章　第1節　国語
　　付録6：小学校学習指導要領　第2章　第10節　外国語
　　付録7：小学校学習指導要領　第4章　外国語活動
　　付録8：小学校学習指導要領　第3章　特別の教科　道徳
　　付録9：「道徳の内容」の学年段階・学校段階の一覧表
　　付録10：幼稚園教育要領

> 教科等の目標
> 及び内容の概要

> 参考
> (系統性等)

> 学年や
> 分野ごとの内容

「小学校学習指導要領解説 国語編」より
※中学校もおおむね同様の構成です。「総則編」,「総合的な学習の時間編」及び「特別活動編」は異なった構成となっています。

教師は,学習指導要領で定めた資質・能力が,児童生徒に確実に育成されているかを評価します

学習評価の基本的な考え方

学習評価は,学校における教育活動に関し,児童生徒の学習状況を評価するものです。「児童生徒にどういった力が身に付いたか」という学習の成果を的確に捉え,**教師が指導の改善を図る**とともに,**児童生徒自身が自らの学習を振り返って次の学習に向かうことができるようにする**ためにも,学習評価の在り方は重要であり,教育課程や学習・指導方法の改善と一貫性のある取組を進めることが求められます。

■ カリキュラム・マネジメントの一環としての指導と評価

各学校は,日々の授業の下で児童生徒の学習状況を評価し,その結果を児童生徒の学習や教師による指導の改善や学校全体としての教育課程の改善,校務分掌を含めた組織運営等の改善に生かす中で,学校全体として組織的かつ計画的に教育活動の質の向上を図っています。

このように,「学習指導」と「学習評価」は学校の教育活動の根幹であり,教育課程に基づいて組織的かつ計画的に教育活動の質の向上を図る「カリキュラム・マネジメント」の中核的な役割を担っています。

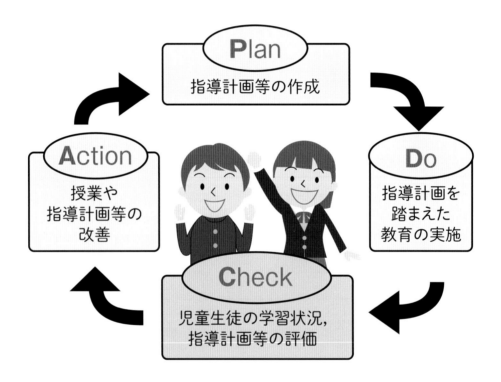

■ 主体的・対話的で深い学びの視点からの授業改善と評価

指導と評価の一体化を図るためには,児童生徒一人一人の学習の成立を促すための評価という視点を一層重視することによって,教師が自らの指導のねらいに応じて授業の中での児童生徒の学びを振り返り,学習や指導の改善に生かしていくというサイクルが大切です。平成29年改訂学習指導要領で重視している「主体的・対話的で深い学び」の視点からの授業改善を通して,各教科等における資質・能力を確実に育成する上で,学習評価は重要な役割を担っています。

☑ 教師の指導改善に
つながるものにしていくこと

☑ 児童生徒の学習改善に
つながるものにしていくこと

☑ これまで慣行として行われてきたことでも，
必要性・妥当性が認められないものは
見直していくこと

次の授業では
〇〇を重点的に
指導しよう。

〇〇のところは
もっと〜した方が
よいですね。

詳しくは，平成31年3月29日文部科学省初等中等教育局長通知「小学校，中学校，高等学校及び特別支援学校等における児童生徒の学習評価及び指導要録の改善等について（通知）」をご覧ください。
(http://www.mext.go.jp/b_menu/hakusho/nc/1415169.htm)

コラム

評価に戸惑う児童生徒の声

「先生によって観点の重みが違うんです。授業態度をとても重視する先生もいるし，テストだけで判断するという先生もいます。そうすると，どう努力していけばよいのか本当に分かりにくいんです。」（中央教育審議会初等中等教育分科会教育課程部会 児童生徒の学習評価に関するワーキンググループ第7回における高等学校3年生の意見より）

あくまでこれは一部の意見ですが，学習評価に対する児童生徒のこうした意見には，適切な評価を求める切実な思いが込められています。そのような児童生徒の声に応えるためにも，教師は，児童生徒への学習状況のフィードバックや，授業改善に生かすという評価の機能を一層充実させる必要があります。教師と児童生徒が共に納得する学習評価を行うためには，評価規準を適切に設定し，評価の規準や方法について，教師と児童生徒及び保護者で共通理解を図るガイダンス的な機能と，児童生徒の自己評価と教師の評価を結び付けていくカウンセリング的な機能を充実させていくことが重要です。

Column

学習評価の基本構造

平成29年改訂で, 学習指導要領の目標及び内容が資質・能力の三つの柱で再整理されたことを踏まえ, 各教科における観点別学習状況の評価の観点については, 「知識・技能」, 「思考・判断・表現」, 「主体的に学習に取り組む態度」の3観点に整理されています。

「学びに向かう力, 人間性等」には
① 「主体的に学習に取り組む態度」として観点別評価(学習状況を分析的に捉える)を通じて見取ることができる部分と,
② 観点別評価や評定にはなじまず, こうした評価では示しきれないことから個人内評価を通じて見取る部分があります。

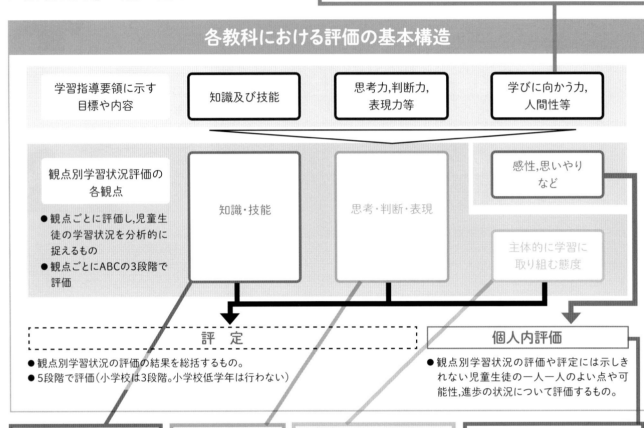

各教科における評価の基本構造

学習指導要領に示す目標や内容

| 知識及び技能 | 思考力, 判断力, 表現力等 | 学びに向かう力, 人間性等 |

観点別学習状況評価の各観点
● 観点ごとに評価し, 児童生徒の学習状況を分析的に捉えるもの
● 観点ごとにABCの3段階で評価

知識・技能　　思考・判断・表現　　感性, 思いやりなど　　主体的に学習に取り組む態度

評定
● 観点別学習状況の評価の結果を総括するもの。
● 5段階で評価(小学校は3段階。小学校低学年は行わない)

個人内評価
● 観点別学習状況の評価や評定には示しきれない児童生徒の一人一人のよい点や可能性, 進歩の状況について評価するもの。

各教科等における学習の過程を通した知識及び技能の習得状況について評価を行うとともに, それらを既有の知識及び技能と関連付けたり活用したりする中で, 他の学習や生活の場面でも活用できる程度に概念等を理解したり, 技能を習得したりしているかを評価します。

各教科等の知識及び技能を活用して課題を解決する等のために必要な思考力, 判断力, 表現力等を身に付けているかどうかを評価します。

知識及び技能を獲得したり, 思考力, 判断力, 表現力等を身に付けたりするために, 自らの学習状況を把握し, 学習の進め方について試行錯誤するなど自らの学習を調整しながら, 学ぼうとしているかどうかという意思的な側面を評価します。

個人内評価の対象となるものについては, 児童生徒が学習したことの意義や価値を実感できるよう, 日々の教育活動等の中で児童生徒に伝えることが重要です。特に, 「学びに向かう力, 人間性等」のうち「感性や思いやり」など児童生徒一人一人のよい点や可能性, 進歩の状況などを積極的に評価し児童生徒に伝えることが重要です。

詳しくは, 平成31年1月21日文部科学省中央教育審議会初等中等教育分科会教育課程部会「児童生徒の学習評価の在り方について(報告)」をご覧ください。
(http://www.mext.go.jp/b_menu/shingi/chukyo/chukyo3/004/gaiyou/1412933.htm)

特別の教科 道徳, 外国語活動, 総合的な学習の時間及び特別活動の評価について

　特別の教科 道徳, 外国語活動(小学校のみ), 総合的な学習の時間, 特別活動についても, 学習指導要領で示したそれぞれの目標や特質に応じ, 適切に評価します。なお, 道徳科の評価は, 入学者選抜の合否判定に活用することのないようにする必要があります。

特別の教科 道徳(道徳科)

　児童生徒の人格そのものに働きかけ, 道徳性を養うことを目標とする道徳科の評価としては, 観点別評価は妥当ではありません。授業において児童生徒に考えさせることを明確にして, 「道徳的諸価値についての理解を基に, 自己を見つめ, 物事を(広い視野から)多面的・多角的に考え, 自己の(人間としての)生き方についての考えを深める」という学習活動における児童生徒の具体的な取組状況を, 一定のまとまりの中で, 児童生徒が学習の見通しを立てたり学習したことを振り返ったりする活動を適切に設定しつつ, 学習活動全体を通して見取ります。

外国語活動(小学校のみ)

　評価の観点については, 学習指導要領に示す「第1目標」を踏まえ, 右の表を参考に設定することとしています。この3つの観点に則して児童の学習状況を見取ります。

知識・技能	思考・判断・表現	主体的に学習に取り組む態度
●外国語を通して, 言語や文化について体験的に理解を深めている。 ●日本語と外国語の音声の違い等に気付いている。 ●外国語の音声や基本的な表現に慣れ親しんでいる。	身近で簡単な事柄について, 外国語で聞いたり話したりして自分の考えや気持ちなどを伝え合っている。	外国語を通して, 言語やその背景にある文化に対する理解を深め, 相手に配慮しながら, 主体的に外国語を用いてコミュニケーションを図ろうとしている。

総合的な学習の時間

　評価の観点については, 学習指導要領に示す「第1目標」を踏まえ, 各学校において具体的に定めた目標, 内容に基づいて, 右の表を参考に定めることとしています。この3つの観点に則して児童生徒の学習状況を見取ります。

知識・技能	思考・判断・表現	主体的に学習に取り組む態度
探究的な学習の過程において, 課題の解決に必要な知識や技能を身に付け, 課題に関わる概念を形成し, 探究的な学習のよさを理解している。	実社会や実生活の中から問いを見いだし, 自分で課題を立て, 情報を集め, 整理・分析して, まとめ・表現している。	探究的な学習に主体的・協働的に取り組もうとしているとともに, 互いのよさを生かしながら, 積極的に社会に参画しようとしている。

特別活動

　特別活動の特質と学校の創意工夫を生かすということから, 設置者ではなく, 各学校が評価の観点を定めることとしています。その際, 学習指導要領に示す特別活動の目標や学校として重点化した内容を踏まえ, 例えば以下のように, 具体的に観点を示すことが考えられます。

特別活動の記録								
内容	観点 \ 学年		1	2	3	4	5	6
学級活動	よりよい生活を築くための知識・技能		○		○	○	○	
児童会活動	集団や社会の形成者としての思考・判断・表現			○	○		○	
クラブ活動	主体的に生活や人間関係をよりよくしようとする態度					○		
学校行事				○		○	○	

各学校で定めた観点を記入した上で, 内容ごとに, 十分満足できる状況にあると判断される場合に, ○印を記入します。

○印をつけた具体的な活動の状況等については, 「総合所見及び指導上参考となる諸事項」の欄に簡潔に記述することで, 評価の根拠を記録に残すことができます。

小学校児童指導要録(参考様式)様式2の記入例(5年生の例)

　なお, 特別活動は学級担任以外の教師が指導する活動が多いことから, 評価体制を確立し, 共通理解を図って, 児童生徒のよさや可能性を多面的・総合的に評価するとともに, 確実に資質・能力が育成されるよう指導の改善に生かすことが求められます。

観点別学習状況の評価について

　観点別学習状況の評価とは,学習指導要領に示す目標に照らして,その実現状況がどのようなものであるかを,観点ごとに評価し,児童生徒の学習状況を分析的に捉えるものです。

▌「知識・技能」の評価の方法

　　「知識・技能」の評価の考え方は,従前の評価の観点である「知識・理解」,「技能」においても重視してきたところです。具体的な評価方法としては,例えばペーパーテストにおいて,事実的な知識の習得を問う問題と,知識の概念的な理解を問う問題とのバランスに配慮するなどの工夫改善を図る等が考えられます。また,児童生徒が文章による説明をしたり,各教科等の内容の特質に応じて,観察・実験をしたり,式やグラフで表現したりするなど実際に知識や技能を用いる場面を設けるなど,多様な方法を適切に取り入れていくこと等も考えられます。

▌「思考・判断・表現」の評価の方法

　　「思考・判断・表現」の評価の考え方は,従前の評価の観点である「思考・判断・表現」においても重視してきたところです。具体的な評価方法としては,ペーパーテストのみならず,論述やレポートの作成,発表,グループや学級における話合い,作品の制作や表現等の多様な活動を取り入れたり,それらを集めたポートフォリオを活用したりするなど評価方法を工夫することが考えられます。

▌「主体的に学習に取り組む態度」の評価の方法

　　具体的な評価方法としては,ノートやレポート等における記述,授業中の発言,教師による行動観察や,児童生徒による自己評価や相互評価等の状況を教師が評価を行う際に考慮する材料の一つとして用いることなどが考えられます。その際,各教科等の特質に応じて,児童生徒の発達の段階や一人一人の個性を十分に考慮しながら,「知識・技能」や「思考・判断・表現」の観点の状況を踏まえた上で,評価を行う必要があります。

「主体的に学習に取り組む態度」の評価のイメージ

○「主体的に学習に取り組む態度」の評価については,①知識及び技能を獲得したり,思考力,判断力,表現力等を身に付けたりすることに向けた粘り強い取組を行おうとする側面と,②①の粘り強い取組を行う中で,自らの学習を調整しようとする側面,という二つの側面から評価することが求められる。

○これら①②の姿は実際の教科等の学びの中では別々ではなく相互に関わり合いながら立ち現れるものと考えられる。例えば,自らの学習を全く調整しようとせず粘り強く取り組み続ける姿や,粘り強さが全くない中で自らの学習を調整する姿は一般的ではない。

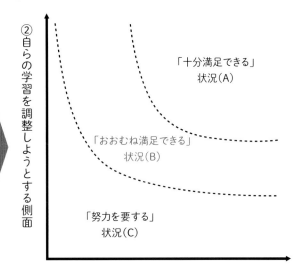

②自らの学習を調整しようとする側面

「十分満足できる」状況(A)

「おおむね満足できる」状況(B)

「努力を要する」状況(C)

①粘り強い取組を行おうとする側面

ここでの評価は,その学習の調整が「適切に行われるか」を必ずしも判断するものではなく,学習の調整が知識及び技能の習得などに結びついていない場合には,教師が学習の進め方を適切に指導することが求められます。

「自らの学習を調整しようとする側面」とは…

自らの学習状況を把握し,学習の進め方について試行錯誤するなどの意思的な側面のことです。評価に当たっては,児童生徒が自らの理解の状況を振り返ることができるような発問の工夫をしたり,自らの考えを記述したり話し合ったりする場面,他者との協働を通じて自らの考えを相対化する場面を,単元や題材などの内容のまとまりの中で設けたりするなど,「主体的・対話的で深い学び」の視点からの授業改善を図る中で,適切に評価できるようにしていくことが重要です。

コラム

「主体的に学習に取り組む態度」は,「関心・意欲・態度」と同じ趣旨ですが…
〜こんなことで評価をしていませんでしたか?〜

平成31年1月21日文部科学省中央教育審議会初等中等教育分科会教育課程部会「児童生徒の学習評価の在り方について(報告)」では,学習評価について指摘されている課題として,「関心・意欲・態度」の観点について「学校や教師の状況によっては,挙手の回数や毎時間ノートを取っているかなど,性格や行動面の傾向が一時的に表出された場面を捉える評価であるような誤解が払拭し切れていない」ということが指摘されました。これを受け,従来から重視されてきた各教科等の学習内容に関心をもつのみならず,よりよく学ぼうとする意欲をもって学習に取り組む態度を評価するという趣旨が改めて強調されました。

Column

学習評価の充実

学習評価の妥当性，信頼性を高める工夫の例

- 評価規準や評価方法について，事前に教師同士で検討するなどして明確にすること，評価に関する実践事例を蓄積し共有していくこと，評価結果についての検討を通じて評価に係る教師の力量の向上を図ることなど，学校として組織的かつ計画的に取り組む。
- 学校が児童生徒や保護者に対し，評価に関する仕組みについて事前に説明したり，評価結果について丁寧に説明したりするなど，評価に関する情報をより積極的に提供し児童生徒や保護者の理解を図る。

評価時期の工夫の例

- 日々の授業の中では児童生徒の学習状況を把握して指導に生かすことに重点を置きつつ，各教科における「知識・技能」及び「思考・判断・表現」の評価の記録については，原則として単元や題材などのまとまりごとに，それぞれの実現状況が把握できる段階で評価を行う。
- 学習指導要領に定められた各教科等の目標や内容の特質に照らして，複数の単元や題材などにわたって長期的な視点で評価することを可能とする。

学年や学校間の円滑な接続を図る工夫の例

- 「キャリア・パスポート」を活用し，児童生徒の学びをつなげることができるようにする。
- 小学校段階においては，幼児期の教育との接続を意識した「スタートカリキュラム」を一層充実させる。
- 高等学校段階においては，入学者選抜の方針や選抜方法の組合せ，調査書の利用方法，学力検査の内容等について見直しを図ることが考えられる。

評価方法の工夫の例

全国学力・学習状況調査
（問題や授業アイディア例）を参考にした例

　平成19年度より毎年行われている全国学力・学習状況調査では，知識及び技能等を実生活の様々な場面に活用する力や，様々な課題解決のための構想を立て実践し評価・改善する力などに関わる内容の問題が出題されています。

　全国学力・学習状況調査の解説資料や報告書，授業アイディア例を参考にテストを作成したり，授業を工夫したりすることもできます。

> 詳しくは，国立教育政策研究所Webページ「全国学力・学習状況調査」をご覧ください。
> (http://www.nier.go.jp/kaihatsu/zenkokugakuryoku.html)

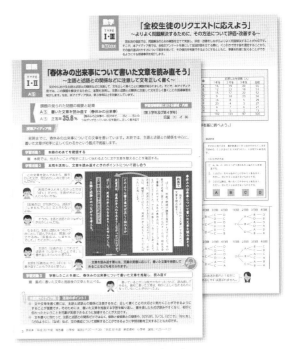

授業アイディア例

 **コラム**

評価の方法の共有で働き方改革

　ペーパーテスト等のみにとらわれず，一人一人の学びに着目して評価をすることは，教師の負担が増えることのように感じられるかもしれません。しかし，児童生徒の学習評価は教育活動の根幹であり，「カリキュラム・マネジメント」の中核的な役割を担っています。その際，助けとなるのは，教師間の協働と共有です。

　評価の方法やそのためのツールについての悩みを一人で抱えることなく，学校全体や他校との連携の中で，計画や評価ツールの作成を分担するなど，これまで以上に協働と共有を進めれば，教師一人当たりの量的・時間的・精神的な負担の軽減につながります。風通しのよい評価体制を教師間で作っていくことで，評価方法の工夫改善と働き方改革にもつながります。

「指導と評価の一体化の取組状況」

A:学習評価を通じて，学習評価のあり方を見直すことや個に応じた指導の充実を図るなど，指導と評価の一体化に学校全体で取り組んでいる。

B:指導と評価の一体化の取組は，教師個人に任されている。

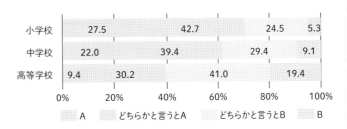

	A	どちらかと言うとA	どちらかと言うとB	B
小学校	27.5	42.7	24.5	5.3
中学校	22.0	39.4	29.4	9.1
高等学校	9.4	30.2	41.0	19.4

（平成29年度文部科学省委託調査「学習指導と学習評価に対する意識調査」より）

Q&A －先生方の質問にお答えします－

Q1 1回の授業で，3つの観点全てを評価しなければならないのですか。

A. 学習評価については，日々の授業の中で児童生徒の学習状況を適宜把握して指導の改善に生かすことに重点を置くことが重要です。したがって観点別学習状況の評価の記録に用いる評価については，毎回の授業ではなく原則として単元や題材などの内容や時間のまとまりごとに，それぞれの実現状況を把握できる段階で行うなど，その場面を精選することが重要です。

Q2 「十分満足できる」状況（A）はどのように判断したらよいのですか。

A. 各教科において「十分満足できる」状況（A）と判断するのは，評価規準に照らし，児童生徒が実現している学習の状況が質的な高まりや深まりをもっていると判断される場合です。「十分満足できる」状況（A）と判断できる児童生徒の姿は多様に想定されるので，学年会や教科部会等で情報を共有することが重要です。

Q3 指導要録の文章記述欄が多く，かなりの時間を要している現状を解決できませんか。

A. 本来，学習評価は日常の指導の場面で，児童生徒本人へフィードバックを行う機会を充実させるとともに，通知表や面談などの機会を通して，保護者との間でも評価に関する情報共有を充実させることが重要です。このため，指導要録における文章記述欄については，例えば，「総合所見及び指導上参考となる諸事項」については，要点を箇条書きとするなど，必要最小限のものとなるようにしました。また，小学校第3学年及び第4学年における外国語活動については，記述欄を簡素化した上で，評価の観点に即して，児童の学習状況に顕著な事項がある場合などにその特徴を記入することとしました。

Q4 評定以外の学習評価についても保護者の理解を得るにはどのようにすればよいのでしょうか。

A. 保護者説明会等において，学習評価に関する説明を行うことが効果的です。各教科等における成果や課題を明らかにする「観点別学習状況の評価」と，教育課程全体を見渡した学習状況を把握することが可能な「評定」について，それぞれの利点や，上級学校への入学者選抜に係る調査書のねらいや活用状況を明らかにすることは，保護者との共通理解の下で児童生徒への指導を行っていくことにつながります。

Q5 障害のある児童生徒の学習評価について，どのようなことに配慮すべきですか。

A. 学習評価に関する基本的な考え方は，障害のある児童生徒の学習評価についても変わるものではありません。このため，障害のある児童生徒については，特別支援学校等の助言または援助を活用しつつ，個々の児童生徒の障害の状態等に応じた指導内容や指導方法の工夫を行い，その評価を適切に行うことが必要です。また，指導要録の通級による指導に関して記載すべき事項が個別の指導計画に記載されている場合には，その写しをもって指導要録への記入に替えることも可能としました。

文部科学省
国立教育政策研究所
National Institute for Educational Policy Research

令和元年6月
文部科学省　国立教育政策研究所教育課程研究センター
〒100-8951 東京都千代田区霞が関3丁目2番2号　TEL 03-6733-6833（代表）

「指導と評価の一体化」のための
学習評価に関する参考資料
【中学校　外国語】

令和 2 年 6 月 27 日	初版発行
令和 5 年 7 月 7 日	12 版発行

著作権所有	国立教育政策研究所 教育課程研究センター
発 行 者	東京都千代田区神田錦町 2 丁目 9 番 1 号 コンフォール安田ビル 2 階 株式会社　東洋館出版社 代表者　錦織　圭之介
印 刷 者	大阪市住之江区中加賀屋 4 丁目 2 番 10 号 岩岡印刷株式会社
発 行 所	東京都千代田区神田錦町 2 丁目 9 番 1 号 コンフォール安田ビル 2 階 株式会社　東洋館出版社 電話　03-6778-7278

ISBN978-4-491-04140-7　　　　定価：本体 800 円
　　　　　　　　　　　　　　　　　（税込 880 円）税 10％